Gestión de Proyectos para un Mundo en Evolución

Carlos Fernández Araque

A mis padres, quienes siempre me apoyan y creen en mi,

sin importar lo que desee lograr en la vida.

Copyright © 2022 por Carlos Fernández Araque
Todos los derechos reservados.

TABLA DE CONTENIDOS

BLOQUE 1: Gestión de proyectos para un mundo en evolución 7
Qué es y qué no es un proyecto 12
¿Por qué me interesaría saber gestionar proyectos? .. 19
Procesos en la gestión de un proyecto 22
Gestión de proyectos en el entorno empresarial 27

BLOQUE 2: Definición del proyecto 33
Objetivo principal del proyecto 36
Caso de negocio 39
Gobernanza de un proyecto 43
Contratos y acuerdos iniciales 49
Acta de constitución del proyecto 57

BLOQUE 3: Planificación del proyecto 62
Metodologías 65
Alcance del proyecto 72
Estimación y planificación 76
Costes del proyecto 81
Plan de calidad 86

El triángulo 95
Coste – Tiempo - Calidad 95
Planificación de recursos 98
Plan de comunicación 105
Gestión de riesgos 109

BLOQUE 4: Ejecución y Seguimiento de Proyectos 113
Comunicación 116
Medición del progreso 121
Informes ejecutivos 125
Gestión del cambio 131
Resolución de problemas comunes 136

BLOQUE 5: Cierre del Proyecto 143
Entrega del producto/servicio final 146
Aceptación final del cliente 151
Lecciones aprendidas e información histórica valiosa 155

Acerca del Autor 157

Referencias 158

BLOQUE 1: Gestión de proyectos para un mundo en evolución

No hay duda de que la tecnología cambia nuestra cultura y estilo de vida. Podemos apreciarlo en nuestra rutina diaria. La manera que nos comunicamos los unos con los otros, nuestra forma de trabajar, de hacer la compra, aprender nuevas habilidades, o buscar información sobre cualquier asunto en apenas unos segundos...todo.

Este simple hecho nos fuerza a tener que reinventarnos constantemente para pertenecer a "esa rueda" que hace que todo se mueva hacia adelante.

A nadie le resulta extraño la idea de que constantemente estamos gestionado situaciones. Gestionando nuestro tiempo, a personas, tareas que necesitamos realizar, o controlando costes y planificando tiempos para obtener resultados deseados de cualquier tipo.

Tanto si pretendes focalizar tu carrera profesional en gestión de proyectos o no, aprender cómo definir, planificar y ejecutar debidamente un nuevo proyecto sin duda es una grandísima cualidad que todo el mundo en algún momento de su vida debería aprender. No importa si es para lograr tus propios objetivos personales o para proporcionar debidamente un nuevo producto o servicio a tus clientes. En todos los casos siempre es necesario contar con "alguien" que asegure que todo se realizará debidamente.

Vivimos todos en un mundo cambiante y en continua evolución, donde nadie puede predecir con exactitud el tipo o nuevo futuro que se nos presentará más adelante, o incluso a qué retos nos veremos obligados a afrontar.

Sin embargo, es más que claro que aquellas personas que previamente hayan adquirido conocimientos y aptitudes en gestión para obtener cualquier tipo de propósito o meta, tendrán muchas más posibilidades de tener éxito en ese impredecible futuro, ¿no crees?

Trabajo, objetivos en tu vida personal, cualquier meta que queramos alcanzar para prosperar en el futuro. Nuestra vida y nuestro mundo están continuamente cambiando. Y **cambios significan nuevos proyectos.**

A continuación se listan en la siguiente tabla los 10 proyectos más influyentes a nivel mundial en el 2021, por el Project Management Institute (PMI) de Pensilvania.

PROYECTO	SECTOR	DESCRIPCIÓN / OBJETIVO
mRNA COVID-19 Vaccines	Salud	Vacunas para contrarrestar el coronavirus
The Great Work From Home Experiment	-	Acelerar el cambio a fuego lento hacia espacios de trabajo más flexibles
Give It 100%	Government	Crear un marco para preparar la economía oceánica mundial para el futuro
Covax	Salud	Actuar como la conciencia global sobre la equidad mundial en materia de vacunas
Sand Dollar	Finanzas	Establecimiento de la primera moneda digital respaldada por el gobierno
2022 Winter Olympics	Deporte	Plan de Sostenibilidad de los Juegos Olímpicos y Paralímpicos de Invierno 2022 en Beijing
Riyadh Metro	Transporte	Introducir el transporte público en la ciudad más grande de Arabia Saudí
"When You See Yourself" NFT	Entretenimiento	Implantar los tokens digitales no fungibles a la música comercial (Kings of Leon)
Energy Island	Energía	Revolucionar las renovables en Europa
Crew-1 Mission	Espacio	Llevar los vuelos espaciales comerciales a una nueva dimensión

Fuente: https://www.pmi.org/most-influential-projects-2021/50-most-influential-projects-2021

No importa lo difícil o desafiante que pueda llegar a ser un proyecto. Desde albergar unos juegos olímpicos en un país, hasta simplemente pintar las paredes de tu apartamento. Cualquier proyecto necesita tener un objetivo claro, una planificación, ejecutarse de manera controlada y obtener un resultado tangible.

Para ello se precisa siempre de alguien asegurando que todo se realiza en tiempo, en presupuesto y con la calidad deseada. Esa persona a cargo es… adivina ☺

Qué es y qué no es un proyecto

Vale pero, ¿a qué nos referimos exactamente cuando hablamos de un proyecto?

Muchas personas malinterpretan este concepto, seguramente porque está globalmente empleado para casi cualquier tarea o conjunto de tareas que deben acometer una persona o un equipo de trabajo.

Y no necesariamente un conjunto de tareas o trabajos que deban ser realizados tiene que ser considerado un proyecto.

Podemos apreciarlo en múltiples trabajos periódicos que deben realizarse comúnmente en una compañía o grupo de trabajo, como cerrar debidamente un ejercicio fiscal en un departamento financiero, o recibir una serie de mercancías en un almacén e inventariar correctamente cada uno de los artículos recibidos.

Todas ellas son **tareas operacionales**, que se necesitan para que cualquier empresa o sociedad pueda continuar con su negocio y subsistir.

Según la definición del Project Management Institute (PMI), **un proyecto simplemente es un conjunto temporal de tareas y esfuerzos a llevarse a cabo para producir un producto, servicio o resultado único**.

Por tanto, sus dos características principales son:

1) <u>Cada proyecto tiene un inicio y un final definidos</u>
Temporalidad no significa necesariamente que la duración del proyecto sea corta. Se refiere más bien al compromiso del proyecto y su longevidad. El concepto de temporalidad normalmente no se aplica al producto, servicio o resultado creado por el proyecto. La mayoría de los proyectos se emprenden para crear un resultado duradero y tangible.

2) <u>Cada proyecto produce un producto / servicio / resultado único</u>
Un esfuerzo de trabajo continuo es generalmente un proceso repetitivo que sigue los procedimientos existentes de una organización. Por el contrario, debido a la naturaleza única de los proyectos, puede haber incertidumbres o diferencias en los productos, servicios o resultados que crea el proyecto.

Como ejemplos de lo que sí son proyectos:

- Desarrollo de un nuevo producto o servicio al mercado.
- Realización de una mejora o cambio en un producto o servicio ya existentes.
- Implantar, mejorar o ampliar un procedimiento o proceso existente en una empresa.
- Construcción de un edificio, planta industrial, o cualquier otra nueva infraestructura civil.
- Desarrollo de un nuevo software informático para cubrir una necesidad particular de una empresa.

¿Y qué significa exactamente gestionar un proyecto?

Todo proyecto precisa de alguien que se encargue de asegurar que todo el trabajo se realice con el presupuesto calculado inicialmente, a tiempo y con las características fijadas en su alcance para su resultado final deseado.

La aplicación de estos conocimientos, habilidades y técnicas para acometer las actividades necesarias en un proyecto es lo que comúnmente conocemos como gestión de proyectos, o "Project Management" en inglés.

Gestionar un proyecto incluye, entre otros aspectos:

- Identificar requisitos necesarios.
- Atender las necesidades, dudas, problemas y expectativas de las diferentes partes interesadas durante la planificación y ejecución del proyecto.
- Establecer y llevar a cabo las comunicaciones necesarias entre todas las personas implicadas o impactadas de algún modo por el proyecto.
- Gestionar a todas las partes interesadas para conseguir un objetivo común de tal forma que se cumplan los objetivos marcados en los entregables finales.
- Balancear debidamente las características limitantes, como son su alcance, el presupuesto, la calidad, posibles riesgos, recursos necesarios...etc. La relación entre estas limitaciones es tal que si cualquiera de ellas cambia, al menos una o varias de las restantes se vean también afectadas.

Por ejemplo, en caso de que se solicite entregar un proyecto antes de lo previsto, lo más frecuente sería aumentar para ello el presupuesto disponible para adquirir los recursos humanos o materiales para ello. En caso de no ser posible, el alcance de dicho proyecto deberá ser revisado para reducir su funcionalidad o complejidad, de tal forma que pueda entregarse antes de tiempo con los mismos recursos y presupuesto iniciales.

La gestión de proyectos es una disciplina diseñada para facilitar el cambio, y su valor crece cuando es empleada junto con otras prácticas de liderazgo en cualquier otro negocio o industria.

El papel del project manager

El responsable del proyecto (o project manager en inglés), debe asumir el principal papel en cualquier proyecto. Es la persona asignada para dirigir principalmente al equipo que se hará cargo de ejecutar las tareas necesarias para conseguir los objetivos marcados.

En general el project manager es responsable de la definición, planificación, ejecución, supervisión y cierre de un proyecto de tal forma que éste disponga de un alcance bien definido, un presupuesto aprobado y una fecha de entrega fijada, con independencia de la industria a la que pertenezca.

Además, los responsables del proyecto son el primer punto de contacto ante cualquier problema o discrepancia que pueda surgir por parte de cualquier de los miembros del proyecto involucrados.

En general, tienen la responsabilidad de satisfacer este tipo de necesidades de las tareas en ejecución, del propio equipo de proyecto, necesidades individuales...etc. Dado que la gestión de proyectos es una disciplina estratégica crítica, el project manager es por tanto el enlace entre la estrategia de negocio y el equipo operativo.

A RESUMIR

- ✓ No todas las tareas llevadas a cabo por alguien o un equipo de trabajo son necesariamente proyectos.

- ✓ Se define un proyecto como un conjunto de tareas a realizar que tienen marcado un inicio y un final, produciendo un resultado único.

- ✓ Gestionar un proyecto significa aplicar un conjunto de conocimientos, habilidades y técnicas para asegurar que todo el trabajo necesario para conseguir los objetivos marcados se realiza en tiempo, presupuesto y calidad esperada.

- ✓ Ese papel es asumido por el project manager, quien será el encargado de liderar el equipo de trabajo responsable de alcanzar los objetivos marcados, así como de equilibrar los factores limitantes en el proyecto.

¿Por qué me interesaría saber gestionar proyectos?

Como nos podemos imaginar todos, **la gestión de proyectos es una habilidad clave para poder conseguir tus propios objetivos**, seas cuales sean. Se trata de un factor diferencial sea cual sea el negocio o el sector industrial del que hablemos, el cual asegura alta eficiencia y trabajo bien ejecutado, así como alinear y coordinar objetivos de negocio.

Piensa sino detenidamente en ello. Todo sector o negocio siempre necesitará tener unos objetivos bien definidos, planificarlos apropiadamente, y ejecutarlos en forma de proyectos acorde con las necesidades del negocio y objetivos de crecimiento y/o expansión.

La gestión de proyectos enfatiza y hacer mejores otras habilidades y características personales, así como las fortalezas de cada persona. Puedes considerarla como una disciplina diseñada para facilitar la gestión de los cambios, ya que su valor crece cuando es empleada junto con otras prácticas directivas.

Además, adquirir conocimientos sobre gestión de proyectos significa adquirir toda una serie de habilidades personales necesarias para ejecutar con éxito proyectos, como por ejemplo:

- Comunicación efectiva
- Liderazgo
- Gestión de equipos
- Planificación
- Estimaciones
- Control de procesos
- Gestión de personas
- Toma de decisiones
- Negociación
- Generar vínculos de confianza
- Gestión de conflictos
- Coaching

Por lo que, como puedes apreciar, desarrollar toda esta serie de habilidades en tu vida tanto personal como profesional ayudará sin duda a mejorar tus expectativas en el futuro, sean cuales sean tus objetivos o tu campo de conocimiento específico. Gestionar proyectos se siempre será un sinónimo de ser capaz de llevar a cabo objetivo de manera apropiada.

A RESUMIR

- ✓ La gestión de proyecto es una habilidad clave para logar tus objetivos, además de mejorar diferentes habilidades personales.

- ✓ En todo sector o empresa siempre será necesario gestionar proyectos que vayan acordes con los objetivos de negocio marcados.

- ✓ Aprender a gestionar proyectos significa adquirir una serie de habilidades personales necesarias para la correcta consecución de los proyectos, sin importar de qué tipo.

Procesos en la gestión de un proyecto

La mayoría de los proyectos pueden estructurarse en los siguientes procesos de gestión, los cuales están relacionados entre sí y cada uno produce un resultado:

1. Definición
2. Planificación
3. Ejecución y seguimiento del trabajo
4. Cierre del proyecto

La carga de trabajo en cada uno de estos procesos varía significativamente. Como se puede apreciar en la siguiente gráfica, es notablemente la carga y necesidad de personal por parte del equipo de trabajo durante el proceso de ejecución del proyecto.

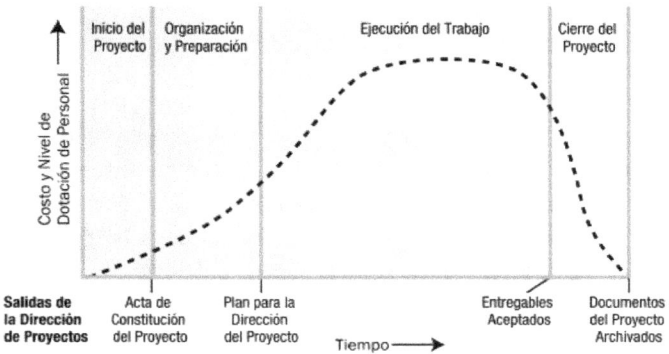

Ello significa que cualquier cambio o modificación en los objetivos o alcance del proyecto durante el proceso de ejecución, supondrá muchísimo más coste e impacto que su estos cambios ocurren durante las fases iniciales de definición o planificación del proyecto.

Definición del proyecto

Con este proceso inicial, definimos formalmente la existencia del proyecto como tal, así como sus principales características, limitaciones y objetivos. En otras palabras: Lo que queremos lograr con él.

Su resultado principal típicamente es lo que comúnmente se denomina como **Acta de constitución del proyecto** (o Project charter en inglés), en el la que estarán definidos todos los objetivos, futuros entregables, presupuesto inicial calculado, así como incluso la fecha de entrega deseada, de tal manera que el proyecto quede oficialmente iniciado.

Planificación

En él se organiza y se coordinan todos los planes necesarios para la ejecución del proyecto, quedando todo ello reflejado en nuestro **Plan de proyecto**. Este documento contendré el punto de referencia para todo el trabajo a realizar, en relación al alcance de tareas a realizar, el calendario de entregas e hitos a lograrse, calidad necesaria de los entregables, riesgos a tener en cuenta y gestionar, planes de comunicación...etc. Ello además nos servirá de guía durante el resto de la ejecución del proyecto, tanto para el propio project manager como para el resto de involucrados.

Ejecución y seguimiento

Es el proceso de dirigir y realizar el trabajo defino en el plan de proyecto, así como de implementar todo el alcance aprobado de tal forma que se logren los objetivos marcados en el proyecto.

Además, el project manager normalmente controla y realiza seguimiento a todos los aspectos relativos al trabajo a realizarse con el objetivo de asegurar que se realiza con la calidad esperada, a tiempo y dentro del presupuesto estipulado.

Cierre del proyecto

Todo proyecto debe ser formalmente clausurado, asegurándonos así que cada entregable se acepta por parte del cliente (o sponsor en su caso), así como de archivar todos aquellos documentos e información relevante generada durante la ejecución del proyecto que pueda ser empleada en el futuro como lecciones aprendidas.

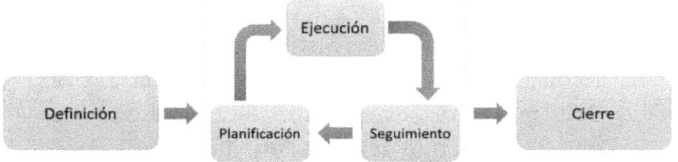

A RESUMIR

- ✓ La mayoría de proyectos se pueden estructurar en 4 procesos principales relacionados entre sí: Definición, Planificación, Ejecución & seguimiento y Cierre. La carga de trabajo a realizar variará dependiendo del proceso en el que nos encontremos gestionando el proyecto.

- ✓ El proceso de definición e inicio del proyecto define los objetivos y principales características del proyecto, el cual será oficialmente comenzado una vez se redacte el *Acta de constitución del proyecto* (o Project charter en inglés).

- ✓ El proceso de planificación consiste en desarrollo un plan de proyecto el cual servirá durante el resto de ejecución del mismo como guía para seguir su avance y progreso, así como para determinar el qué, cuándo, y cómo se lograrán los objetivos deseados.

- ✓ Durante la ejecución y seguimiento del trabajo a realizarse en el proyecto, el project manager debe controlar y monitorizar cada aspecto del trabajo realizado de cara a asegurar que se realiza según se definió inicialmente.

- ✓ El cierre de un proyecto consiste en recibir formalmente la acepción de todos los entregables del proyecto, así como de archivar toda documentación e información que pueda servir como lecciones aprendidas en futuros proyectos.

Gestión de proyectos en el entorno empresarial

Cuando se trata de gestionar y ejecutar proyectos en una compañía, sea cual sea su actividad, la importancia de gestionar proyectos es incluso mayor y notoria.

Todo autónomo o empresario necesita un mínimo de confianza y seguridad en los proyectos que deben abordar en sus empresas. Ésta es la principal razón por la que muchas compañías deciden formalizar este aspecto en una bien definida área denominada la **Oficina de Proyectos** (o Project Management Office, PMO en inglés).

La oficina de proyectos, en adelante PMO, es un área o departamento estructurado que se encarga principalmente de estandarizar la gestión y gobernanza de los proyectos, así como de facilitar recursos, metodologías, herramientas, y cualquier otra necesidad que se pueda tener para definir, planificar y ejecutar debidamente los proyectos en una compañía.

Las responsabilidades concretas de una PMO pueden incluir también la gestión directa de uno o varios proyectos concretos, si la Dirección o el Sponsor del mismo así lo requieren.

Por tanto, las principales funcionalidades de una PMO dentro de una empresa deberían ser:

- Dirigir y gestionar proyectos clave o estratégicos para la compañía.

- Coordinación y gestión de la demanda de proyectos, así como asegurar que éstos se ejecutan según a los objetivos de negocio de la empresa.

- Seguimiento y reporte ejecutivo a la directiva del estado y avance de los proyectos.

- Asistir y facilitar recursos y ayuda a otros departamentos para la ejecución de sus propios proyectos.

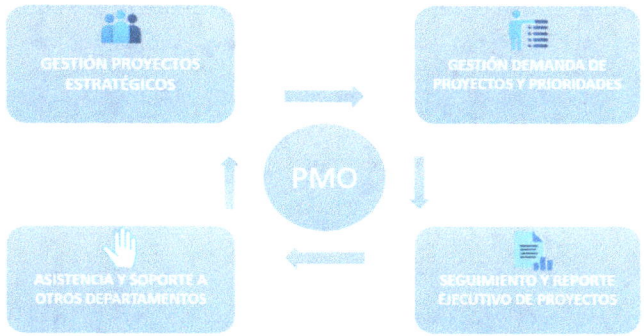

Influencias organizacionales

La cultura de una organización, su forma de trabajar y su estructura influyen en gran medida en cómo se gestionarán y ejecutarán sus proyectos.

Las empresas están periódicamente reorganizándose y reestructurándose para ser más eficientes y competitivas, lo que ello mismo puede conllevar al inicio de nuevos proyectos, o también influir a cómo éstos serán gestionados.

Estos factores se deben tener siempre en cuenta a la hora de iniciar y planificar cualquier proyecto, dado que sin duda influirán por ejemplo en los criterios aplicados para dar por válidos o no sus entregables, así como para reconocer quién debe o no validar dichos entregables o tomar ciertas decisiones durante su ejecución.

Además de todo ello, las comunicaciones internas en una compañía, su jerarquía y estructura de organigrama afectarán sin duda a la hora de establecer la gobernanza de cualquier proyecto, especialmente cuando se trate de obtener la aprobación o consentimiento de un jefe de departamento y dedicación/interés del resto de miembros involucrados en el proyecto durante toda su ejecución.

Fijémonos en los siguientes dos ejemplos de organizaciones, y en la diferencia de posiciones que adopta la PMO en cada caso:

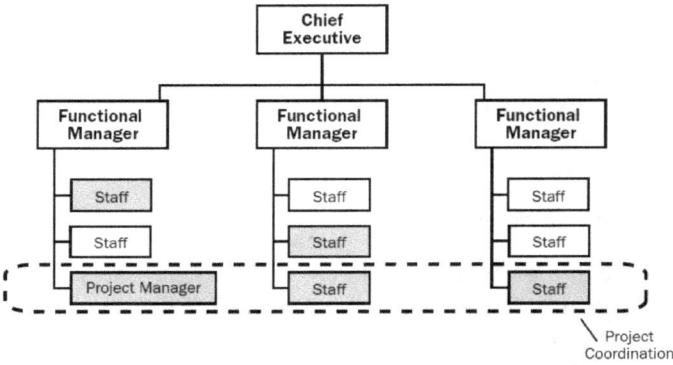

En este primer escenario, la gestión de proyectos está dirigida por un miembro perteneciente a un departamento o área funcional determinada, que estará a cargo de la coordinación y gestión de cada proyecto, manteniendo informado al resto del equipo partícipe y que pueden pertenecer estos a su vez a otras áreas funcionales.

Sin embargo, en el segundo ejemplo, podemos apreciar como la Oficina de Proyectos (PMO) se trata de un área funcional reconocida y establecida dentro de la estructura organizativa de la propia compañía, de tal forma que cada proyecto tendrá asignado un project manager perteneciente a esta área, encargada de formalizar a cada equipo de proyecto correspondiente necesario de entre los diferentes departamentos involucrados en cada proyecto.

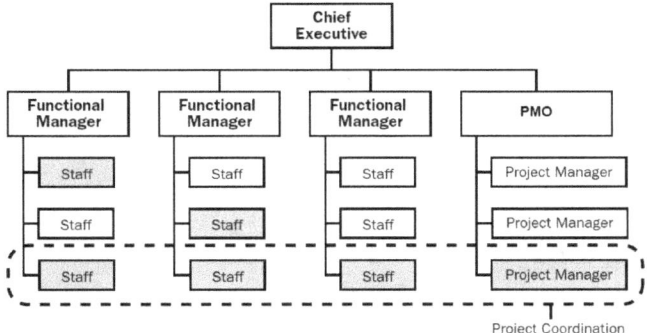

Factores empresariales influyentes

Hay otros factores a considerar en una empresa que frecuentemente impactan en la gestión de los proyectos. Como por ejemplo:

- Localización geográfica de oficinas y recursos.

- Regulación del mercado en el que opera y estándares de su industria.

- Infraestructura

- Recursos humanos y políticas de formación continua.

- Condiciones del mercado

- Tolerancia al riesgo

- Mapa de sistemas y herramientas de gestión interna ERP (Enterprise Resource Planning)

- Canales y herramientas de comunicación establecidas por defecto.

A RESUMIR

- ✓ La Oficina de Proyectos (Project Management Office, PMO, en inglés) es un área funcional o departamento dentro de una compañía encargada de la estandarización acerca de cómo gestionar y ejecutar sus proyectos.

- ✓ Sus principales funciones normalmente son tanto dirigir y gestionar proyectos prioritarios / estratégicos para la empresa, sino también coordinar su demanda de proyectos, su seguimiento y reporte ejecutivo, así como facilitar de dar soporte a otros departamentos en relación a gestión de proyectos.

- ✓ La PMO suele estar fuertemente influenciada por factores como la cultura y estructura interna de la compañía, el cual impactará y deberá tenerse en cuenta a la hora de gestionar sus proyectos.

BLOQUE 2: *Definición del proyecto*

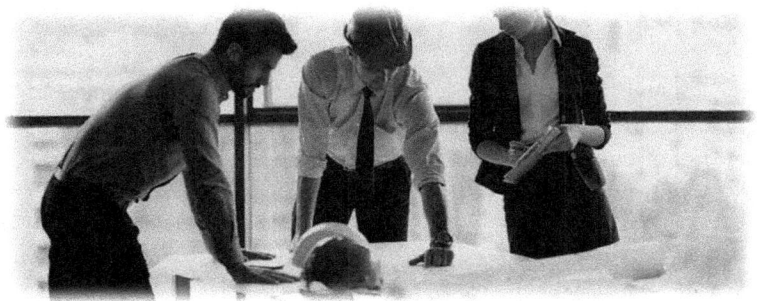

En este primer proceso de gestión de proyectos, comenzaremos describiendo cómo comienza un proyecto, cómo nace y por qué. Y por supuesto, cómo conseguir que se ponga en marcha de forma adecuada y acorde a las expectativas del cliente y resto de miembros involucrados desde el minuto 0.

Durante el proceso de definición de un proyecto, se define el alcance inicial y también se comprometen los recursos financieros iniciales, una vez que todas las partes interesadas estén bien informadas sobre él y su objetivo principal.

Si no lo está ya, el project manager se asignará normalmente por un director o miembro de la dirección de una empresa, aunque este caso puede variar según la situación o el tipo de empresa (pequeña / gran empresa, agencia de autónomos, etc).

El propósito principal es alinear las expectativas de todas las partes interesadas con el objetivo del proyecto así como darles visibilidad sobre el alcance y los objetivos.

En caso de que el alcance inicial de un proyecto se considere demasiado grande o duradero, generalmente se suele dividir en diferentes fases, cada una de las cuales con sus propios objetivos, planificación y calendario bien diferenciados.

En general, tener una definición inicial clara del proyecto ayudará a establecer correctamente su visión, lo que se necesita lograr y quién realizará este trabajo.

Objetivo principal del proyecto

Un proyecto siempre comienza con un objetivo, una necesidad o un deseo específico y genérico, como lanzar comercialmente un nuevo modelo de zapatillas para jugadores de baloncesto, actualizar un portal web oficial del gobierno para los contribuyentes, o incluso organizar unos juegos olímpicos en un país.

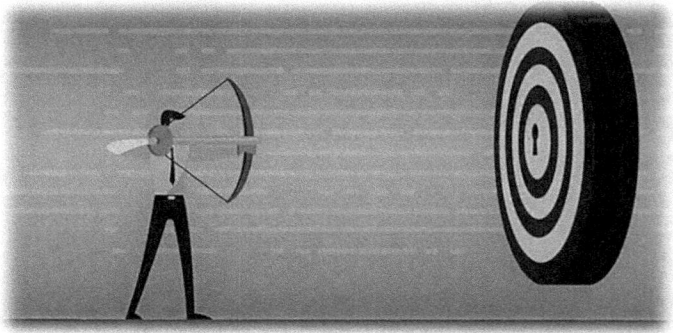

El propósito u objetivo del proyecto inicia el proyecto en sí, sin importar el motivo de esta propuesta. Puede nacer por diferentes tipos de necesidades, dependiendo de la actividad o industria a la que pertenezca una empresa. Ejemplos de estas razones:

- **Objetivos estratégicos**

    Los objetivos de los proyectos clave de una empresa pueden resultar de decisiones estratégicas tomadas por los directores, con el fin de lograr objetivos de la empresa dentro del mercado que opera, como modificar su oferta de servicios o productos, o iniciar una nueva actividad comercial para aumentar sus beneficios.

- **Nuevos productos o servicios**

    Una de las razones más típicas para iniciar un nuevo proyecto es emprender el lanzamiento comercial de un nuevo producto o servicio para sus clientes. En todos estos casos, hay un trabajo específico a realizar por diferentes áreas/departamentos en una empresa, donde project manager siempre debe hacer esa coordinación.

- **Mejora de soluciones existentes**

    A veces, el objetivo principal es actualizar o mejorar un producto o solución existente. Desde modificar su precio hasta renovar completamente las funciones que se brindan a los clientes.

- **Obligaciones regulatorias**

    En algunos casos, se debe realizar un proyecto para cumplir con las leyes reguladoras del mercado, pasar una auditoría para obtener un crédito financiero o simplemente probar que un producto o servicio está completamente bajo algunos estándares regulados.

En todos los casos descritos anteriormente, la importancia de decidir un objetivo claro y bien definido en un proyecto supone un factor clave para su éxito, así como tratar de mantenerlo así durante toda su ejecución.

A RESUMIR

- ✓ Los proyectos siempre parten de un objetivo, necesidad o deseo específico.

- ✓ Esta necesidad o deseo inicia el proyecto como tal, y suele ser el punto de partida de todo el trabajo de gestión que debe llevar a cabo el project manager.

- ✓ Son muchas y diversas las razones por las que puede iniciarse un proyecto, desde objetivos estratégicos de las empresas, lanzamiento o mejora de productos o servicios comerciales, o simplemente cumplir con las leyes regulatorias de una industria.

Caso de negocio

Antes de iniciar cualquier nuevo proyecto, es necesario en todos los casos analizar primero si el objetivo del proyecto merece la inversión requerida, desde un punto de vista financiero.

No tendría sentido, por ejemplo, si estamos planeando fabricar un nuevo modelo de automóvil que requiere comprar materiales de origen específicos cuyos costes superan las ganancias de venta esperadas.

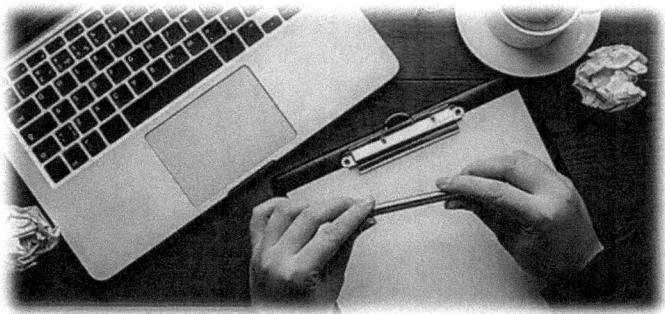

Por la misma razón, no tendría sentido instalar una nueva tienda de productos para bebés en un pueblo donde el promedio de edad es muy alto... probablemente pagarás un alquiler bajo por el lugar, sí, pero... ¡no tendrás apenas clientes!

En todo proceso de definición e inicio de un proyecto, siempre existe la necesidad de ejecutar este análisis inicial para asegurar que financieramente tenga sentido su ejecución.

Los puntos clave que podrían incluirse en casi cualquier caso de negocio son, entre otros:

- Demanda del mercado
- Requerimientos del cliente
- Benchmarking (comparativa con el mercado)
- Ventajas tecnológicas
- Requerimientos legales
- Impacto ecológico
- Necesidades sociales

Los managers o cualquier sponsor de proyecto suelen utilizar casos de negocio para la toma de decisiones. Por lo tanto, la necesidad comercial y el análisis de costo-beneficio generalmente se incluyen en este caso de negocio, a fin de justificar y establecer los límites del proyecto.

Por ejemplo, en casos de proyectos para el sector público, es más que necesario este tipo de casos de negocio, ya que la inversión inicial necesaria para ejecutarlo puede provenir de fondos públicos o apoyo financiero del gobierno. Por lo tanto, siempre es un hito fundamental para asegurarse de que esta inversión generará una ganancia digna de acuerdo con el objetivo del proyecto.

Ejemplos de casos de negocios reales con resultado exitoso podrían ser:

Mejora de la experiencia del cliente	Escalado y expansión del negocio
o Objetivo: Mejoras sustanciales del servicio en cuanto a experiencia de usuario. o Valor Actual Neto (VAN) = 2M€ en 10 años o Tasa Interna de Retorno (TIR) = 86% o Tiempo de recuperación (payback period) = 2 años	o Objetivo: Aumento de oferta con nuevos productos en diferentes mercados geográficos. o Crecimiento de beneficios esperado de entorno al 200% en los primeros 2 años, a través de nuevos canales de venta junto a partners estratégicos.

Aumento de puntos de atención al cliente	Mejora de la atención prestada al cliente
o Objetivo: Aumentar el número de puntos de servicio y atención al cliente, acorde al crecimiento de población. o Beneficios financieros (VAN) = 6,3M€	o Inversión inicial: 700K€ o Se espera un aumento en los beneficios del 10%, reducción del inventario de materiales del 25%, y del 50% de stock de productos antiguos.

Los project managers junto con el sponsor principal siempre son responsables de garantizar que el proyecto cumpla de manera eficaz y eficiente con los objetivos definidos inicialmente por el cliente, tal como se define en el caso de negocio.

A RESUMIR

- ✓ Todo inicio de un proyecto necesita analizar que financieramente su ejecución merecerá la pena desde el punto de vista económico.

- ✓ Existen muchos puntos relevantes que podrían considerarse en un caso de negocio, dependiendo obviamente de la naturaleza del proyecto y de las variables comerciales internas y externas.

- ✓ Los project managers también deben asegurarse durante este proceso de definición del proyecto que el caso de negocio se realice correctamente junto con los principales sponsors del proyecto.

Gobernanza de un proyecto

La importancia de establecer una gobernanza adecuada del proyecto e identificar a cada persona involucrada o afectada desde el principio es siempre un factor clave para el éxito del proyecto.

Como muchos otros escenarios en los negocios y la vida en general, para lograr cualquier propósito o meta que atañe a más de una persona, debe existir siempre un gobierno claro y roles bien definidos para asegurar cuál es la responsabilidad de cada miembro del equipo de proyecto.

Por lo general, estos son los actores principales de un proyecto que deben definirse durante nuestro proceso de iniciación:

- **Sponsor**

    La persona con autoridad formal y que es responsable en última instancia del proyecto. Puede ser desde un alto ejecutivo o un cliente específico que solicite y sea dueño de los objetivos del nuevo proyecto a ejecutar, por lo que los **sponsors son los principales responsables del éxito del proyecto**.

    Las funciones típicas de un sponsor de proyecto son apoyar al project manager mediante la emisión de un acta de constitución del proyecto; Ayudar a desarrollar una matriz de responsabilidad; revisar y aprobar el plan del proyecto y los requisitos comerciales exigidos; asesorar al project manager sobre la discusión regular del estado del proyecto con los gerentes; y además mantener siempre la prioridad de los objetivos del proyecto.

- **Project manager**

    La persona asignada para liderar el equipo responsable de lograr los objetivos del proyecto. En general, los project managers tienen la responsabilidad de satisfacer todas las necesidades del proyecto y de sus miembros interesados, y generalmente se convierten en el vínculo entre la estrategia de negocio y el equipo.

    Además, es de gran ayuda que el project manager no solo domine conocimientos y competencias sobre el tema o campo relacionado con el entorno del proyecto. Es necesario que los project managers posean diferentes habilidades personales para manejar todos los aspectos requeridos en la gestión, como habilidades interpersonales, liderazgo, comunicación fluida, trabajo en equipo, negociación, generar vínculos de confianza, coaching, manejo de conflictos entre miembros involucrados... y así sucesivamente.

- **Equipo de proyecto**
  Alguien tiene que hacer el trabajo, ¿no? **Toda aquella persona o grupo que aporte tiempo, habilidades y esfuerzo al proyecto se considerarán miembros del equipo.** La determinación de quién formará parte del equipo ocurre al inicio del proyecto, durante la definición y la planificación. Este proceso se completará cuando los miembros del equipo tengas asignadas sus responsabilidades y roles en el proyecto.

- **Partes interesadas del proyecto**
  Son referidos como **cualquier persona impactada o involucrada de alguna manera por el proyecto**. Pueden ser desde clientes, usuarios, hasta otras personas afectadas por los resultados del nuevo proyecto realizado.

  Con frecuencia, el uso del término "partes interesadas" (o *stakeholders* en inglés) generalmente se refiere a personal de gestión o directiva en una empresa, gerentes, directivos que suelen intervenir en la toma de decisiones y que desean ser informados sobre el estado y avance dl proyecto.

El project manager deberá siempre considerar todas las necesidades, aportes y puntos de vista de todas las partes interesadas del proyecto durante toda su duración, especialmente en el proceso de definición y planificación.

Por lo tanto, el cómo identificar a todas las partes interesadas en un proyecto también puede responderse haciéndose la siguiente pregunta: *"¿Quién se verá afectado o podría hacer una contribución al proyecto?"*

A continuación se muestra un ejemplo gráfico sobre las relaciones lógicas entre los diferentes actores en un proyecto:

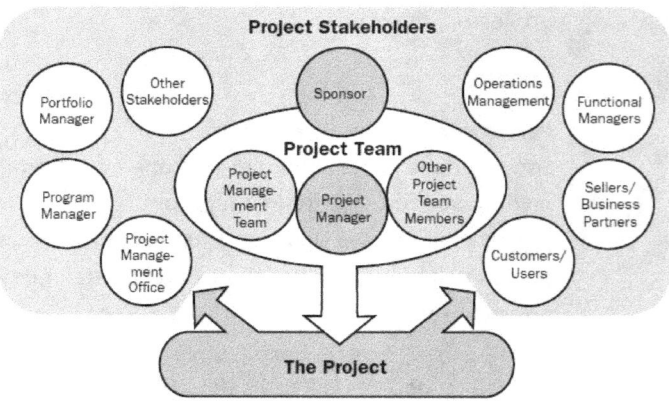

El manejo y gestión de los miembros involucrados (stakeholders) es clave para un proyecto exitoso, de eso no hay duda, sin importar el tipo de objetivos o el desafío que pueda suponer un proyecto. Esto es así de cierto porque no solo se juzga el éxito del proyecto por la satisfacción de las partes interesadas, sino que también cada parte interesada hace una contribución esencial al proyecto.

Depende principalmente del project manager dirigir el proyecto en la dirección correcta.

El project manager siempre debe prestar mucha atención y tener en cuenta la importancia de administrar una buena comunicación entre todas las partes interesadas durante toda la vida del proyecto, estableciendo siempre reglas básicas desde el principio para evitar puntos de bloqueo innecesarios o retrasos en el calendario no deseados.

A RESUMIR

- ✓ Los actores principales en un proyecto suelen ser al menos: el Sponsor, el Project manager, el Equipo del Proyecto y el resto de los miembros involucrados o partes interesadas.

- ✓ Las partes interesadas son cualquier persona que se ve afectada por el proyecto o que podría hacer una contribución al mismo.

- ✓ La gestión de los miembros involucrados es la clave de un proyecto exitoso.

- ✓ Es responsabilidad del project manager establecer reglas básicas y mantener buenas vías de comunicación, para asegurar un proyecto exitoso.

Contratos y acuerdos iniciales

La mayoría de los proyectos necesitan establecer acuerdos iniciales con diferentes partes interesadas, como clientes, proveedores, entidades públicas, bancos, etc.

Estos acuerdos pueden tomar forma de contratos, acuerdos de nivel de servicio (SLA), cartas de acuerdos, cartas de intención, acuerdos verbales, correos electrónicos formales u otras formas escritas. En la mayoría de los casos, se utiliza un contrato cuando se realiza un proyecto para un cliente externo.

Hay un sinfín de tipos de formatos de contrato, pero en casi todos ellos, los siguientes campos obligatorios se deberán incluir en un contrato con un cliente:

- "Las Partes"
  En esta sección inicial se describen detalladamente a las partes involucradas en el acuerdo, su identificación oficial, y su papel en el acuerdo.

- "Declaraciones" o "Exposiciones"
  En esta sección se describe el contexto de la necesidad del contrato. Puede contener eventos recientes relacionados y el objetivo principal que requiere este acuerdo para llevarse a cabo.

- **"Cláusulas"**

  A partir de este punto, comienza el resto del cuerpo para todo el contrato. Puede contener cientos de diferentes tipos de cláusulas que compondrán todo el contrato, pero por lo general las siguientes son las más comunes:

    - Definiciones e interpretaciones
    - Referencias a las principales propuestas
    - Alcance del acuerdo
    - Licencias y derechos
    - Servicios ofrecidos
    - Políticas de precio y pago
    - Obligaciones de las partes
    - Derechos de propiedad intelectual
    - Confidencialidad
    - Indemnidad
    - Limitación de responsabilidad
    - Plazo y causas de terminación del contrato
    - Fuerza mayor
    - Información, tratamiento y protección de datos
    - Firmas de todas las partes
    - (otros documentos adjuntos referenciados)

Ejemplo de contrato para un acuerdo de servicio:

ACUERDO DE SERVICIO

De una parte, D. _____, con D.N.I. _____, actuando en este acto en nombre y representación, en su calidad de _____, de XXXXXX, con domicilio en _____ y CIF _____ con facultades suficientes para este acto en virtud de escritura de _____.

Y, de otra parte, D. _____, con D.N.I. _____, actuando en este acto en nombre y representación, en su calidad de _____, de XXXXXX, con domicilio en _____ y CIF _____ con facultades suficientes para este acto en virtud de escritura de _____.

Ambas partes serán referidas conjuntamente como las "**Partes**". Reconociéndose las Partes la capacidad y representación con la que actúan,

DECLARACIONES

A) DECLARA EL PRESTADOR:

1) Haber nacido el FECHA DE NACIMIENTO, ser de nacionalidad NACIONALIDAD, con estado civil ESTADO CIVIL, con domicilio ubicado en DOMICILIO COMPLETO, con RFC NÚMERO DE RFC y estar dedicado al desarrollo de NOMBRE DE LA ACTIVIDAD QUE DESARROLLA.

2) Que es una persona física que cuenta con la capacidad profesional necesaria para ejecutar y/o cumplir las actividades y servicios profesionales que se le encomienden, brindando sus servicios a EL CONTRATANTE.

B) DECLARA EL CONTRATANTE:

1) Ser la empresa NOMBRE DE LA EMPRESA, constituida de conformidad con la legislación mexicana, cuyo RFC es RFC DE LA EMPRESA.
2) Tener su domicilio en DOMICILIO DE LA EMPRESA.
3) Tener por Objeto Social: OBJETO SOCIAL DE LA EMPRESA.
4) Desear utilizar los servicios de EL PRESTADOR, para desempeñar la actividad de SERVICIOS A CONTRATAR.

CLÁUSULAS

PRIMERA.- En virtud del presente contrato EL PRESTADOR se obliga a prestar a EL CONTRATANTE, los siguientes servicios profesionales independientes: SERVICIOS QUE SE BRINDAN. Los trabajos resultantes de la prestación de servicios profesionales independientes antes referidos serán entregados por EL PRESTADOR de acuerdo al plan de actividades y entregas que para tal efecto acuerdan las partes.

SEGUNDA.- EL PRESTADOR desarrollará las actividades que por el presente instrumento se le encomiendan en la forma, términos y con los materiales y/o herramientas que estime convenientes, de acuerdo a los conocimientos que, como profesional de la materia, ha adquirido y posee.

TERCERA.- EL CONTRATANTE se obliga a pagar a EL PRESTADOR la cantidad de $##,###.## (CANTIDAD DE DINERO EN PALABRAS 00/100 M.N.) mensualmente, menos las deducciones correspondientes por I. S. R. Que será cubierta en una exhibición mensual, señalando como documento de acuerdo de pago de honorarios el recibo firmado por EL PRESTADOR. El lugar para la recepción del cobro será DOMICILIO PARA EL COBRO.

CUARTA.- Se estipula que la vigencia del presente contrato será por el periodo del FECHA DE INICIO DEL CONTRATO al FECHA DE VENCIMIENTO DEL CONTRATO, plazo que podrá prorrogarse, previo acuerdo entre las partes.

QUINTA.- En virtud de ser un contrato por tiempo determinado conforme a la cláusula que antecede, se estipula que en caso de que EL PRESTADOR decida terminar la prestación de servicios para con EL CONTRATANTE de forma unilateral, éste deberá informar su decisión con un mes de anticipación a la fecha en que pretenda terminar con la prestación del servicio pactado.

SEXTA.- Las partes de común acuerdo, podrán establecer las modificaciones en el contenido del presente contrato que estimen pertinentes.

SÉPTIMA.- En caso de que EL PRESTADOR incumpla con la obligación de prestar los servicios convenidos en el presente instrumento, EL CONTRATANTE tendrá derecho a rescindir el presente contrato, notificando por escrito tal situación a EL PRESTADOR.

OCTAVA.- EL PRESTADOR se obliga a no divulgar ninguno de los aspectos de los negocios de EL CONTRATANTE, ni proporcionará a tercera persona, verbalmente o por escrito, directa o indirectamente, información alguna sobre los sistemas y actividades de cualquier clase que observe de EL CONTRATANTE. Tampoco mostrará a terceros los documentos, expedientes, escritos, artículos, contratos, bitácora, estados de cuenta, y de mas materiales e información que le proporcione EL CONTRATANTE o que prepare o formule con relación a sus servicios.

NOVENA.- EL PRESTADOR quedará sujeto a la responsabilidad civil por daños y perjuicios que causare a EL CONTRATANTE, así como a las sanciones de carácter penal a que se hiciere acreedora.

Leído por ambas partes este documento y sabedores de las obligaciones que contraen, firman por duplicado el presente contrato, en LUGAR DE FIRMA, a los FECHA DE LA FIRMA DEL CONTRATO.

NOMBRE Y FIRMA DEL CONTRATANTE   NOMBRE Y FIRMA DEL PRESTADOR

Para crear fácilmente una nueva plantilla de contrato basada en diferentes tipos de necesidades, hay muchos sitios web para ello, como por ejemplo:

https://www.wonder.legal/es

A RESUMIR

- ✓ La mayoría de los proyectos necesitan establecer acuerdos iniciales con diferentes partes interesadas externas.

- ✓ Existen una gran variedad de tipos de contratos / acuerdos formales, pero la mayoría de ellos normalmente tienen las secciones de: Las Partes, Declaraciones y todas las cláusulas necesarias de indicarse en el acuerdo.

Acta de constitución del proyecto

Generalmente, para finalizar formalmente el proceso de iniciación y definición de un proyecto, cuando se deciden y se definen todos los aspectos importantes, se suele plasmar en un documento comúnmente conocido como Acta de constitución del proyecto (*Project Charter* en inglés). Suele contener la siguiente información:

- o Nombre del proyecto
- o Principal objetivo o necesidad
- o Project Manager asignado
- o Resumen del caso de negocio
- o Alcance principal
- o Fechas de entrega deseadas
- o Miembros del equipo de proyecto
- o Firma del Sponsor

Un acta de constitución del proyecto es el documento que autoriza formalmente la existencia del proyecto y proporciona al project manager la autoridad suficiente para aplicar los recursos de la organización necesarios para emprender las actividades del proyecto.

La razón principal por la que se elabora este documento es para tener un inicio y delimitaciones del proyecto bien definidos, la creación de un registro formal del mismo, y una manera directa para que la alta dirección acepte y se comprometa formalmente con el proyecto.

Este documento generalmente lo firma el sponsor (o propietario) del proyecto, y se recomienda que el project manager participe también en su elaboración para obtener una comprensión fundamental de los requisitos principales del proyecto.

Esta comprensión permitirá una mejor asignación eficiente de recursos a las actividades del proyecto.

Estos son algunos ejemplos de plantillas para redactar un acta de constitución de proyecto estándar:

Acta de Constitución del Proyecto

Versión

Fecha

Nombre del Proyecto

Justificación o Propósito del Proyecto

Objetivos del Proyecto

Criterios de Aceptación

Descripción del Proyecto

Enunciado de Trabajo del Proyecto

Necesidad de Negocio

Enunciado del Alcance del Producto

Plan Estratégico

Nombre del Proyecto	Siglas
Mendoza	PM
Descripción del proyecto: Que, quien como, cuando y donde	
Implementar sistemas Gsoft en la empresa POCA COLA SA, con el fin de modernizar el trabajo realizado por dicha empresa	
Definición del producto del proyecto: descripción del producto o servicio o capacidad a generar	
A través del proyecto Mendoza se implementará el sistema GSoft el cual es una herramienta tecnológica que permite a las Empresa ingresar al nuevo sistema de facturación electrónica de una manera sencilla y segura.	
Definición de requerimientos del proyecto: Funcionales, no funcionales, de calidad	
- Implementación de un software de gestión, con los siguientes elementos: - Cumplir con el plazo de finalización. - Cumplir con el presupuesto inicial. - Cumplir con el alcance.	
Objetivos del Proyecto: En base a la triple restricción	
- Implementar sistemas GSoft en la empresa POCA COLA SA. - Cumplir con los costos estimados - Desarrollar el proyecto en el tiempo estipulado. - Cumplir con todos los entregables del proyecto	

A RESUMIR

✓ Un Project Charter, o Acta de Constitución del proyecto, generalmente se realiza para oficializar formalmente el proceso de iniciación de un proyecto.

✓ Suele estar firmado y elaborado por el sponsor principal, y debe contener la información principal del proyecto: Objetivos, Necesidades de negocio, Caso de negocio, Plazo deseado, Alcance principal y Miembros del equipo asignados.

✓ El project manager suele participar en la elaboración de este documento, con el fin de estar al tanto de la información importante relacionada con el proyecto desde el principio.

BLOQUE 3: *Planificación del proyecto*

Una vez que se ha iniciado un proyecto y sus objetivos están completamente definidos, como podemos imaginar, es necesario que alguien establezca un plan para llevar a cabo todo el trabajo a realizar.

Muchas preguntas se nos pueden venir a nuestras mentes, como:

- *"¿Qué tengo que hacer exactamente para empezar?"*
- *"¿Cuántas y qué tareas se deben hacer?"*
- *"¿Cuántas personas son necesarias para terminar a tiempo?"*
- *"¿Quién estará a cargo de cada tarea?"*
- *"¿Cuándo podemos terminar este proyecto como pronto?"*
- *"¿Cuánto nos costará?"*
- *"¿Qué riesgos pueden ocurrir durante la ejecución del proyecto?"*

Bastantes preguntas nada fáciles de responder, ¿verdad? Pero no nos preocupemos demasiado, ya que todas esas preguntas serán respondidas en nuestro plan de proyecto. ☺

Este proceso consiste en establecer el alcance total de los esfuerzos, definir cómo se realizará todo el trabajo y desarrollar el curso de acción requerido para alcanzar esos objetivos.

Existen diferentes metodologías que se pueden utilizar para planificar y ejecutar un proyecto, dependiendo de la naturaleza y los objetivos del propio proyecto a alcanzar.

Cuando un plan de proyecto está bien elaborado, es mucho más fácil seguir su curso a lo largo de su ejecución y, por lo tanto, obtener la aceptación y el compromiso de todas las partes interesadas.

El resultado principal de este proceso será el documento de plan del proyecto, que indicará la hoja de ruta deberán seguir todos los interesados del proyecto involucrados durante toda su duración.

Metodologías

Todo proyecto tiene sus peculiaridades, es normal. Es completamente diferente planificar un proyecto para construir una nueva terminal en un aeropuerto internacional que para programar y publicar una tienda web.

De modo que, no es extraño en absoluto que la forma elegida para planificarlos y ejecutarlos también deba ser diferente, ¿verdad?

Las metodologías más comúnmente utilizadas para gestionar y ejecutar un proyecto son las siguientes:

- **Clásica (o "en cascada")**

    Esta es la forma más común y clásica de planificar y gestionar un proyecto. Consiste en un desglose de las actividades del proyecto en fases secuenciales lineales, donde cada fase depende de los entregables de la anterior.

    Sus procesos de gestión más típicos son: definición, análisis, diseño, construcción / implementación, pruebas, despliegue y mantenimiento.

    Por esta razón, estas dependencias entre tareas relacionadas, en un calendario dibujan gráficamente una silueta en cascada.

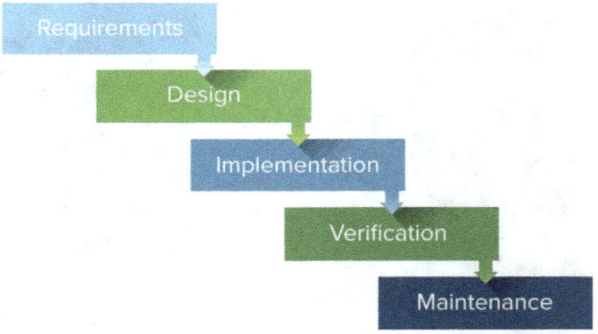

Este enfoque se utiliza con frecuencia en proyectos de diseños de ingeniería (edificios, aeronaves, puentes, barcos...etc) y otro tipo de proyectos en los que **es crucial que todos los requisitos estén perfectamente definidos desde el principio**.

Por esta razón, el modelo de desarrollo en cascada se originó en las industrias de fabricación y construcción, donde las soluciones o productos físicos altamente estructurados significan que cualquier cambio de diseño se vuelven prohibitivamente costosos durante el proceso de desarrollo.

- **Agile (Scrum)**

    Las metodologías ágiles en general, pero especialmente Scrum, están diseñadas para guiar a los equipos en la entrega iterativa e incremental de un producto específico. Su enfoque está en el uso de un proceso empírico que **permite que los equipos respondan rápida, eficiente y efectivamente al cambio**.

    Las metodologías tradicionales de gestión de proyectos definen todos y cada uno de los requisitos necesarios en un esfuerzo por controlar el tiempo y el coste a lo largo de su ejecución. En el caso de Scrum, **fija el tiempo y los recursos disponibles en un esfuerzo por controlar los requisitos que se van acometiendo** en ventanas de tiempo fijadas (o sprints en inglés). Ello junto con las ceremonias de colaboración, la pila con el listado de funcionalidades (backlog) priorizadas y los ciclos de retroalimentación periódicos tras cada sprint.

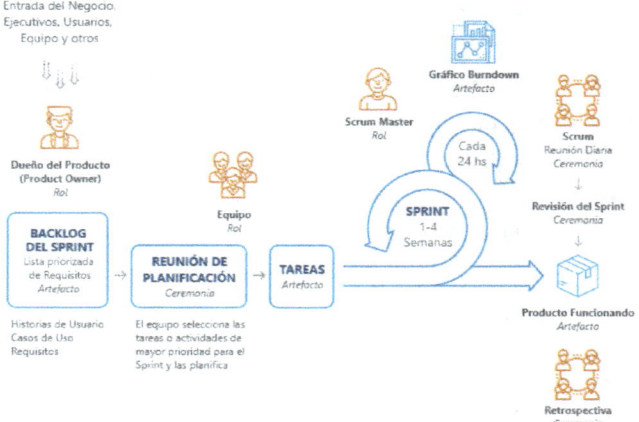

o **Lean**

Es un método innovador que busca optimizar los procesos de gestión y producción en una empresa que lo pone en práctica. De esta manera se utilizan menos recursos, por lo que cualquier proceso se vuelve más eficiente. **Su máxima es reducir la inversión, el tiempo y el esfuerzo**. Se aplica comúnmente para iniciar nuevos negocios o *startups*.

o **Kanban**

Significando en japonés "tablero" (o *board* en inglés), es un tipo de metodología *Lean manufacturing*, nacida en el siglo XX en las fábricas de *Toyota, con* **el objetivo principal de mejorar la eficiencia de fabricación de productos**.

En las últimas décadas, muchas empresas han trabajado utilizando los conocidos como "*Tableros Kanban*", con el objetivo **de visualizar mejor los flujos de trabajo y el estado de las tareas**, así como de eliminar las interrupciones mientras el trabajo se administra mucho mejor, especialmente con los equipos de proyecto.

A continuación se muestra un ejemplo típico de un tablero Kanban para visualizar y seguir el estado de una lista de tareas por realizado en un proyecto, con los posibles estados para cada una de: *Pendiente, En curso,* y *Realizado*:

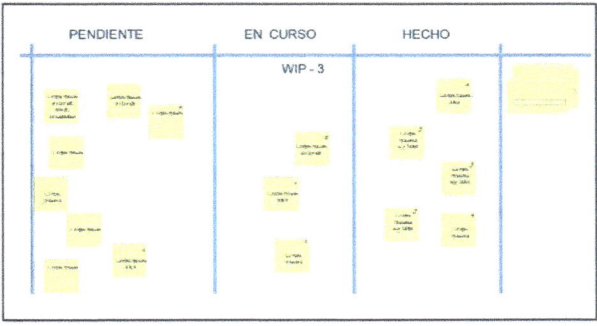

- **Six Sigma (6σ)**
  Las estrategias Six Sigma buscan mejorar la calidad de fabricación identificando y eliminando las causas de los defectos y minimizar la variabilidad en los procesos comerciales y de fabricación. Digamos que se basa en **métodos de gestión de la calidad para la mejora continua de un producto.**

Un proceso Six Sigma es aquel en el que se espera estadísticamente que el 99,99966% de todas las oportunidades para producir alguna característica de una pieza estén libres de defectos. La distribución normal subyace en los supuestos estadísticos de Six Sigma. Cuanto mayor sea la desviación estándar, mayor será la dispersión de los valores. Los límites de especificación superior e inferior (USL y LSL) están a una distancia de 6σ de la media. La distribución normal significa que los valores muy alejados de la media son extremadamente improbables.

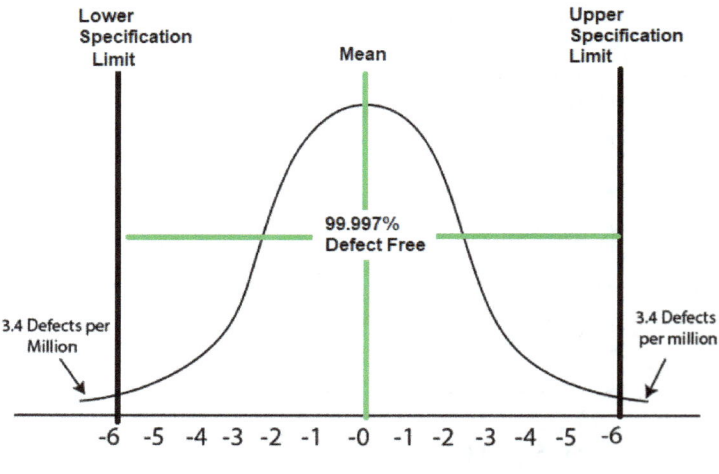

Six Sigma Curve

En los siguientes capítulos continuaremos describiendo cómo elaborar un plan de proyecto enfocado principalmente en una metodología clásica (o *en cascada*), dado que es la más conocida y aplicada en cualquier empresa o proyecto.

A RESUMIR

- ✓ La metodología de gestión que se utilice en un proyecto dependerá de sus objetivos y de su propia naturaleza.

- ✓ La metodología en cascada es la metodología más clásica y común, basada en un desglose de las actividades del proyecto en fases secuenciales lineales, donde cada fase depende de los entregables de la anterior. Es crucial que todos sus requisitos estén perfectamente definidos desde el principio.

- ✓ Scrum es la metodología ágil más utilizada, especialmente en aquellos proyectos donde los equipos deben responder de manera rápida, eficiente y efectiva a peticiones de cambio durante su ejecución. Se enfoca principalmente en el control de requerimientos mientras que los recursos y tiempos son previamente fijados.

- ✓ Lean Kanban tiene el objetivo principal de mejorar la eficiencia de la fabricación mediante una mejor visualización de los flujos de trabajo y el estado de las tareas mediante los tableros Kanban.

- ✓ Six Sigma se basa en métodos estadísticos y de gestión de la calidad para la mejora continua de un producto.

Alcance del proyecto

La primera de nuestras múltiples preguntas a responder será *¿Qué tareas se necesitan realizar en este proyecto?*

Esta es una de las primeras cosas que pueden venirse a nuestra mente cuando debemos iniciar un plan de gestión de proyectos.

Luego, los próximos pasos a seguir a partir de ahí son: recopilar todos los requisitos, definir el alcance completo y elaborar una descomposición del trabajo.

Recopilar todos los requisitos consiste en determinar, documentar y gestionar todas las necesidades y requisitos de todas las partes interesadas para cumplir con los objetivos del proyecto. Esto proporcionará la base para definir y administrar el alcance completo del proyecto.

Los requisitos incluyen las necesidades y expectativas cuantificadas y documentadas del sponsor, los clientes y otras partes interesadas involucradas. Estos requisitos deberán analizarse y registrarse con suficiente detalle para incluirse en el alcance inicial y empezar a medirse una vez que comience la ejecución del proyecto.

La definición del alcance consiste en desarrollar una descripción detallada del proyecto y del producto / servicio resultante. Describirá los límites del proyecto, definiendo cuáles de los requisitos recopilados se incluirán y cuales se excluirán de su alcance.

Una buena preparación del alcance del proyecto será fundamental para su éxito y se basará no solo en el proceso de recopilación de requisitos, sino también en los principales entregables, suposiciones y restricciones que se documentaron durante el proceso inicial de definición del proyecto.

Una vez que todo el alcance está bien definido con el equipo del proyecto y todas las partes interesadas involucradas, será necesario subdividir todos sus entregables principales en tareas más pequeñas y precisas, en lo que comúnmente se denomina como **descomposición del trabajo** (o *Work Breakdown Structure, WBS,* en inglés). Proporciona una visión estructurada de lo que se debe entregar, con una descomposición jerárquica del alcance total del trabajo que debe realizar el equipo del proyecto, para lograr los objetivos del proyecto y crear los entregables requeridos.

Un ejemplo de descomposición del trabajo simple para la fabricación de una aeronave podría ser la siguiente:

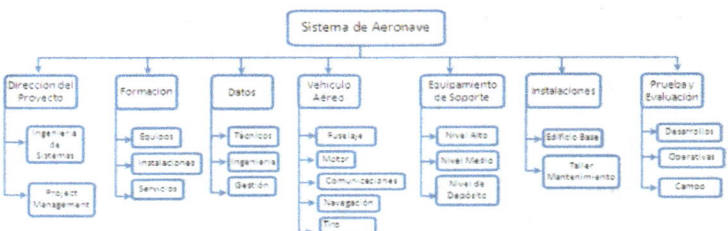

Validar el alcance con el cliente y todas las partes interesadas afectadas antes de que comience todo el trabajo también es crucial para garantizar un proyecto bien administrado. Aportará objetividad al proceso de aceptación y aumentará la posibilidad de aceptación del producto, servicio o resultado final al validar cada entregable antes de iniciarse su implementación o desarrollo.

A RESUMIR

- ✓ La recopilación de requisitos del cliente y de todas las partes interesadas implicadas proporciona la base para definir y gestionar el alcance completo del proyecto.

- ✓ La definición del alcance describe los límites del proyecto, servicio o resultado al definir cuáles de los requisitos recopilados se incluirán y excluirán del alcance del proyecto.

- ✓ Una descomposición del trabajo (WBS) proporciona una visión estructurada de lo que se debe entregar, con una descomposición jerárquica del alcance total del trabajo que debe realizar el equipo del proyecto.

- ✓ Validar el alcance con el cliente y todas las partes interesadas involucradas durante este proceso de planificación del proyecto aporta objetividad al proceso de aceptación y aumenta las posibilidades de aceptación del producto, servicio o resultado final.

Estimación y planificación

Ahora que tenemos un poco más claro lo que debemos hacer para terminar nuestro proyecto, la siguiente pregunta inmediata que se nos puede venir a la mente podría ser *¿cuánto tiempo nos llevará realizar todo ese trabajo?*

Los próximos pasos a dar a partir de ese momento serían: definir todas las actividades necesarias, secuenciarlas las unas de las otras y estimar su duración para construir un calendario completo del proyecto.

Primero, deberemos comenzar por identificar y documentar todas las acciones específicas necesarias para producir los resultados esperados. Para ello, **debemos desglosar todos los paquetes de trabajo de la WBS anterior en actividades** que proporcionen una base para estimar y planificar nuestro proyecto.

Después de ello, necesitaremos identificar las relaciones entre estas actividades del proyecto, por lo que **definiremos su secuencia lógica de trabajo** para obtener la mayor eficiencia, dadas todas las restricciones del proyecto. Las relaciones lógicas deben diseñarse para crear un calendario de proyecto realista. También puede ser necesario utilizar el tiempo de adelanto o retraso entre las actividades para respaldar un calendario del proyecto realista y alcanzable. La secuenciación se puede realizar mediante el uso de software de gestión de proyectos o utilizando técnicas manuales o automatizadas.

Los próximos pasos serán **estimar la duración de cada una de estas actividades relacionadas y sus los recursos necesarios** para ejecutarlas. En este proceso, debemos considerar todo tipo de recursos: tipo y cantidad de recursos materiales, humanos, equipos y, en general, todos los suministros necesarios para realizar cada actividad. Eso nos permitirá tener estimaciones más precisas de costes y duración.

Ahora, al ingresar todas las actividades del calendario, duraciones, recursos y sus relaciones lógicas entre ellos, podemos generar un modelo de calendario con fechas planificadas para completar las actividades del proyecto. Este proceso se suele realizar mediante una herramienta de software (hay infinidad hoy en día), plasmándose el resultado en un llamado **"Diagrama de Gantt"**.

Una vez realizado el diagrama de Gantt, éste será la línea base del proyecto inicial para seguir y medir el progreso a lo largo de su ejecución. Además, también es importante identificar el **"Camino Crítico"** de nuestro proyecto, que será la secuencia de tareas que dependen unas de otras, en las que cualquier retraso en alguna de ellas repercutirá directamente en la fecha de finalización del proyecto. Las tareas pertenecientes a esta ruta crítica deberemos vigilarlas especialmente para mantener la planificación inicial del proyecto.

Ejemplo de diagrama de Gantt para un proyecto de construcción:

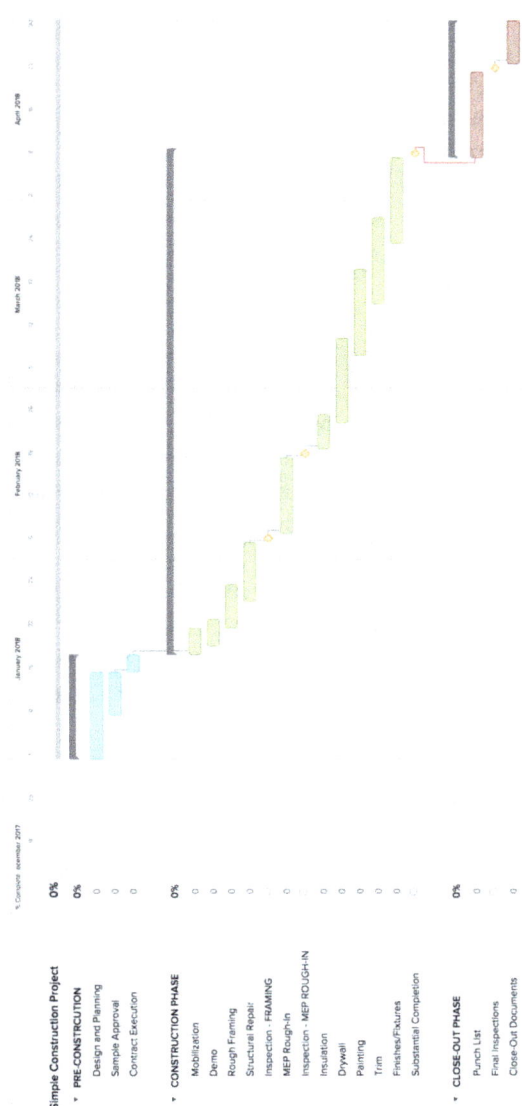

A RESUMIR

- ✓ Definir las actividades de nuestro alcance inicial (WBS) proporcionará la base para estimar y planificar el proyecto.

- ✓ Definir la secuencia lógica de trabajo entre estas actividades creará un calendario de proyecto realista.

- ✓ También es necesario estimar la duración de cada una de estas actividades relacionadas y todos los recursos necesarios. Debemos considerar todo tipo de recursos: tipo y cantidad de recursos materiales, humanos, equipos y en general todos los insumos necesarios para realizar cada actividad.

- ✓ De modo que, con todo ello, podremos generar un calendario con sus fechas de hitos planificados para completar las actividades del proyecto, en el conocido comúnmente como diagrama de Gantt.

- ✓ El Camino Crítico se puede determinar en nuestro diagrama de Gantt, identificando la secuencia de tareas que dependen unas de otras, en las que cualquier retraso en alguna de ellas repercutirá directamente en la fecha de finalización del proyecto.

Costes del proyecto

Cada proyecto, como con cualquier cosa en la vida a lograrse, tiene sus costes, es algo natural. Por lo tanto, siempre tendremos que responder también preguntas como *¿Cuánto costará este proyecto?*, *¿Cuál es el presupuesto necesario? ¿Serán todos los costes únicos o habrá costes recurrentes una vez que el proyecto esté terminado?...* etc.

Primero, deberemos comenzar con la **estimación de costes**, que consiste en desarrollar una estimación de los recursos monetarios necesarios para completar todas las actividades del proyecto enumeradas en nuestro calendario. Determinará el monto del costo requerido para completar el trabajo del proyecto.

Estas estimaciones de costes normalmente se expresan en alguna moneda ($, €) e incluyen la consideración de diferentes alternativas de costes para iniciar y completar el proyecto. También se deben considerar ciertos análisis de costes y sus riesgos, como *fabricar vs comprar, comprar vs alquilar* y *compartir* recursos para lograr costes óptimos para el proyecto.

Una vez que se estimen todos los costes identificados, el próximo paso será **determinar el presupuesto de nuestro proyecto**. Consistirá en la agregación de todos estos costes estimados para establecer una línea base de costes autorizados. Determinará además nuestra línea de base de costes contra la cual se puede monitorear y controlar el desempeño del proyecto durante su ejecución.

Ejemplo de presupuesto de un proyecto de construcción en dólares podría ser:

1999 Courthouse Project Budget Williamsburg/James City County (Virginia)	
Building Construction	$7,800,000
Site Work	$1,300,000
Total Building Construction and Site	**$9,100,000**
Other Costs	
Architect and Engineering Fees	931,000
Construction Management	162,000
Land Acquisition	550,000
Furniture and Fixtures	460,000
Telephone/Network/Security System	150,000
Quality Control Testing	90,000
Permits and Fees	85,000
Value Engineering	50,000
Other Costs	151,800
Contingency	1,181,000
Total Other Costs	**$3,900,000**
Total Project	**$13,000,000**

Además de determinar nuestro presupuesto inicial del proyecto, también es necesario **generar un calendario de flujo de caja** (*cash-flow* en inglés). Saber cuándo se gastará el dinero es casi tan importante como saber cuánto se gastará. Una vez que se han estimado el calendario de hitos y los costes del proyecto, generar una proyección de flujo de caja es bastante simple con las soluciones de software de gestión de proyectos actuales, que pueden predecir cuánto y cuándo se gastará el dinero, en función de nuestra planificación y presupuesto del proyecto anterior elaborado.

Ejemplo:

ABC Construction - Cash Flow Projection Report			
Category	**Jan**	**Feb**	**Mar**
Beginning Balance	$ 550,000.00	$ 620,500.00	$ 635,500.00
Operating Activities			
Projected Income	$ 100,000.00	$ 150,000.00	$ 75,000.00
Supplier Payments	$ (14,000.00)	$ (20,000.00)	$ (10,000.00)
Subcontractor Payments	$ (25,000.00)	$ (50,000.00)	$ (25,000.00)
Payroll Expenses	$ (10,500.00)	$ (10,500.00)	$ (10,500.00)
Interest Expense	$ (1,000.00)	$ (1,000.00)	$ (1,000.00)
Tax Expense	$ (2,500.00)	$ (2,500.00)	$ (2,500.00)
Office Expenses	$ (1,500.00)	$ (1,000.00)	$ (2,500.00)
Operating Activities Total	$ 45,500.00	$ 65,000.00	$ 23,500.00
Investing Activities			
Truck Purchase	$ 35,000.00	$ -	$ 35,000.00
Bulldozer Sale	$ 10,000.00	$ -	$ -
Investing Activities Total	$ (25,000.00)	$ -	$ (35,000.00)
Financing Activities			
Sale of Stock	$ 200,000.00	$ -	$ -
Building Lease Payment	$ (50,000.00)	$ (50,000.00)	$ (50,000.00)
Dividend Payments	$ (100,000.00)	$ -	$ -
Financing Activities Total	$ 50,000.00	$ (50,000.00)	$ (50,000.00)
Net Cash Flow	$ 70,500.00	$ 15,000.00	$ (61,500.00)
Projected Bank Balance	$ 620,500.00	$ 635,500.00	$ 574,000.00

A RESUMIR

- ✓ Estimar los costes a partir de todas las actividades identificadas en nuestra planificación determinará el monto del coste requerido para completar el trabajo del proyecto.

- ✓ Determinar el presupuesto del proyecto determinará nuestra línea de base de costes contra la cual se puede monitorear y controlar el desempeño del proyecto durante toda su ejecución.

- ✓ Un calendario de flujo de caja nos ayudará a saber cuándo se gastará el dinero en nuestro proyecto, y comúnmente se elabora con soluciones de software de gestión de proyectos, en función de nuestro calendario de hitos del proyecto anterior y el presupuesto elaborado.

Plan de calidad

En cualquier proyecto, siempre deberemos ser plenamente conscientes de lo que tenemos que hacer (alcance), cuándo y cómo lo vamos a lograr (planificación) y cuántos activos financieros necesitamos (presupuesto). Pero, ¿y qué pasa con los resultados que queremos conseguir? ¿Qué calidad mínima se considerará aceptable para la satisfacción del cliente en el producto/servicio final entregado?

Todas estas preguntas deberán responderse en nuestro plan de calidad.

De acuerdo con las pautas de los estándares internacionales *ISO900x*, los enfoques modernos de gestión de calidad buscan minimizar la variación de los requisitos definidos inicialmente. Estos enfoques reconocen siempre la importancia de los siguientes aspectos:

- La satisfacción del cliente
  Desde el comienzo de nuestro proyecto, siempre deberemos establecer y acordar con el cliente y las principales partes interesadas en el proyecto **qué calidad mínima del producto/servicio final será aceptada.** De lo contrario, pueden producirse resultados no esperados en términos de satisfacción del cliente.

- Prevención sobre corrección
  El coste de prevenir errores será siempre mucho menor que el de corregirlos. Siempre deberemos tener presente esta premisa, para evitar errores y correcciones costosas e innecesarias para nuestro presupuesto inicial.

- Mejora continua
  Para minimizar la mayor variación posible en la calidad de los resultados esperados, el ciclo "*Plan - Do - Check - Act*" (Planifica, Realiza, Comprueba, Actúa), definido por *Shewhart* y modificado por *Deming*, es la base para toda mejora de la calidad.

- Métricas de calidad o indicadores clave de rendimiento (KPI)
  En nuestro plan de calidad es necesario definir unas métricas que nos indiquen si nuestros resultados son

lo suficientemente válidos, o por el contrario no serán aceptados por nuestro cliente. Estas métricas se denominan comúnmente como KPIs (siglas de "medidores clave", en inglés) y siempre deberán acordarse con el cliente y las partes interesadas del proyecto cuando se realice nuestro plan de proyecto.

Ejemplos:
- o   Nueva máquina de producción: *tiempo de ciclo de fabricación < 5 horas*
- o   Infraestructura de acceso a Internet: *Ancho de banda > 100 Mbps (Megabits por segundo)*
- o   Pantalla digital: *Resolución = 3000 PPI (píxeles por pulgada).*

Todos estos medidores y enfoques serán considerados y definidos en nuestro Plan de Calidad, el cual contendrá nuestros requisitos de calidad para el proyecto y sus entregables.

Estas son algunas técnicas básicas de calidad comúnmente utilizadas en la gestión de proyectos, según la naturaleza o el tipo de proyecto:

- *Diagramas de causa y efecto*
  Es una representación gráfica de las múltiples relaciones causa-efecto entre las distintas variables que intervienen en un proceso.

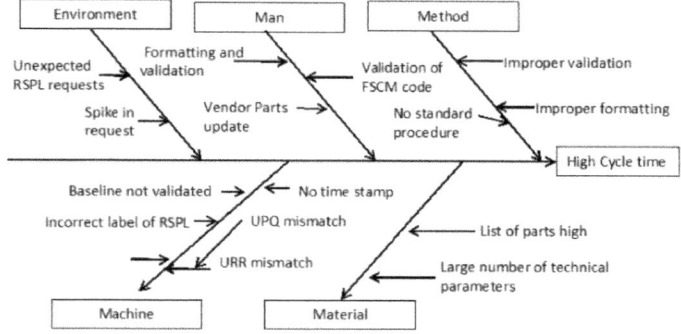

- *Diagramas de flujo*

    También se usan comúnmente cuando se debe definir la lógica de un proceso de negocio. Dependiendo de la forma (cuadrado, círculo, rombo) de cada bloque, estos indicarán si son un punto de decisión, una acción a realizar o un estado final del proceso.

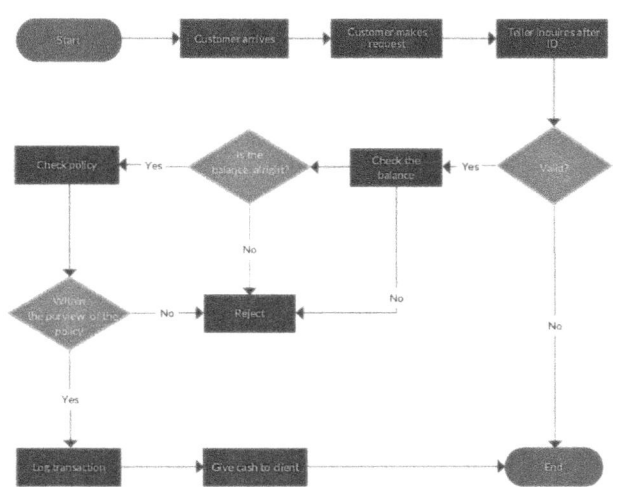

- *Hojas de control / Formularios de inspección*
  Muy útil cuando necesitamos asegurarnos de que se están considerando todos los aspectos importantes en la ejecución de un proyecto o el resultado esperado. También se pueden utilizar al ejecutar cualquier tipo de inspección de calidad.

Facility Exterior	YES	NO	N/A
Is the building address or identification clearly visible?			
Are exterior lights in working order?			
Are the exits onto public streets free from visibility obstructions?			
Are all building sides accessible to emergency equipment?			
Does the building appear to be in good repair?			
Are exterior walls free from cracks or other damages?			
Are windows free from cracks or broken panes?			
Are paved surfaces inspected and repaired (i.e., lifts, cracks, etc.)?			
Are stairs, landings and handrails in good repair and fastened securely? (Inspect the bottom of each step)			
Are facilities periodically inspected and documented?			
Are all sewer clean out caps in place?			
Are all irrigation covers in place?			
Do entrance doors close slowly to avoid hazards to fingers?			
Facility Interior	YES	NO	N/A
Electrical Systems			
Are all electrical panels secured?			
Have all electrical circuits been identified?			
Are all electrical switches and receptacles in good repair?			
Have Ground Fault Interrupter's been provided on circuits in proximity to water?			
Is there a "lock-out" procedure in place?			

- *Diagramas Pareto*

  El principio de Pareto establece que para muchos resultados, aproximadamente el 80 % de las consecuencias provienen del 20 % de las causas. Este principio es muy utilizado en la gestión de proyectos cuando se debe emplear el tiempo sabiamente, por lo que deberemos centrarnos siempre en aquellas causas principales de origen más repetidas, para poder solucionar la mayoría de las situaciones o problemas.

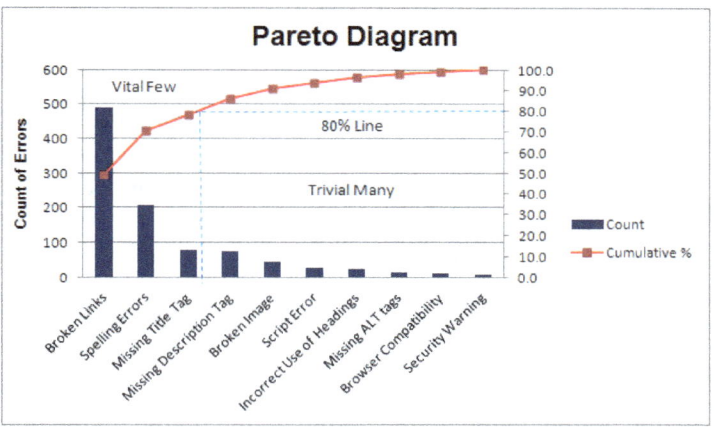

- *Benchmarking*

  Comparar los procesos de negocio y las métricas de rendimiento con las mejores prácticas de otras empresas siempre es una opción frecuente para saber si estamos haciendo las cosas correctamente o al menos como lo hacen la mayoría de nuestros competidores.

Criteria	Indicator	Benchmark	Units
Technical	Flood control	Overflow frequency	1...n
		Design storm return interval	RI yrs
		Extreme event control	H/M/L
	Pollution control	Dissolved pollutant capture	%; H/M/L
		Solid(s) pollutant capture	%; H/M/L
	System Adaptability	Ease of retrofitting	H/M/L
		Design freeboard	% ; Volume, m^3
Environmental	Receiving Water Volume Impact	Downstream erosion	H/M/L
		Thermal effects	C°
		Groundwater levels	Depth; m
	Receiving Water Quality Impact	Compliance with RWQ standards	%; mg/l
		Threshold pollutant concentrations	mg/l
	Ecological Impact	Biotic diversity	Biotic scores

Siempre deberemos realizar también **el aseguramiento de la calidad**, que consistirá en auditar los requisitos de calidad y nuestros resultados para garantizar que se utilizan estándares de calidad y definiciones operativas adecuadas. Esto facilitará sin duda la mejora de nuestros procesos de calidad.

El aseguramiento de la calidad busca generar confianza en que un resultado futuro o un trabajo en progreso se completarán de manera que cumplan con los requisitos y expectativas especificados.

Para lograrlo, podemos apoyarnos en diferentes técnicas. Las más frecuentes son:

- o *Auditorías de calidad*
  Determinarán si las actividades del proyecto cumplen con las políticas, los procesos y los procedimientos de la organización y del proyecto.

- o *SLA (Service Level Agreement)*

Los SLA (*Acuerdos de Nivel de Servicio*, en inglés) previamente acordados con el cliente y las partes interesadas involucradas aportarán confianza y un objetivo a la hora de validar y proporcionar al cliente el producto o servicio ofrecido.

Ejemplo: para los proveedores de servicios de Internet y las empresas de telecomunicaciones, los SLA comunes garantizados son *el tiempo medio entre fallas* (MTBF), *el tiempo medio de reparación* o *el tiempo medio de recuperación* (MTTR).

A RESUMIR

- ✓ Un factor clave de éxito en un proyecto es siempre definir qué calidad mínima se considerará aceptable para la satisfacción del cliente en el producto/servicio final.

- ✓ Las pautas marcadas por los estándar *ISO900x* buscan minimizar la variación de los requisitos iniciales definidos, centrándose en aspectos como la satisfacción del cliente, la prevención sobre la corrección, la mejora continua y el establecimiento de indicadores clave de rendimiento (KPI) realistas.

✓ Las herramientas de calidad comúnmente utilizadas son los diagramas de causa y efecto, los diagramas de flujo, las hojas de verificación, los diagramas de Pareto o el Benchmarking.

✓ El aseguramiento de la calidad consiste en auditar los requisitos de calidad y los resultados para garantizar que se utilicen los estándares de calidad y las definiciones operativas adecuadas.

El triángulo
Coste – Tiempo - Calidad

Como hemos podido ver hasta ahora, estas son las tres variables principales para planificar y controlar cualquier proyecto. Si modificamos una o más de estas variables, las restantes también se verán afectadas, ¡es inevitable!

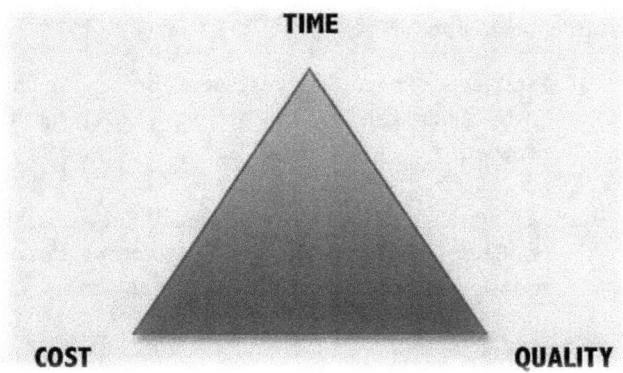

Por ejemplo, si reducimos el tiempo y recursos económicos disponibles para un proyecto, es casi seguro que ello limitará la calidad del producto final elaborado.

Del mismo modo, entregar la misma calidad en un período más reducido, costará más dado que deberemos emplear más recursos para ello. El gran reto para un project manager, será equilibrar estas tres variables para llegar al punto óptimo entre coste, duración y calidad del producto o servicio resultante.

Los project managers siempre deben definir y acordar con el cliente y todas las partes interesadas qué será exactamente un proyecto exitoso, en términos de acabar:

- ✓ A tiempo.
- ✓ Dentro del presupuesto aprobado.
- ✓ Con suficiente calidad para la satisfacción del cliente.

Algunos consejos para lograr con éxito este equilibrio Coste-Tiempo-Calidad podrían ser:

- o Establecer expectativas realistas sobre el equilibrio coste-calidad-calidad con todos los actores del proyecto.

- o Manejar las expectativas a lo largo del proyecto. Si el equilibrio cambia, debemos asegurarnos de que todos conozcan y acepten el nuevo equilibrio.

- o Entregar el producto prometido, a tiempo y dentro del presupuesto.

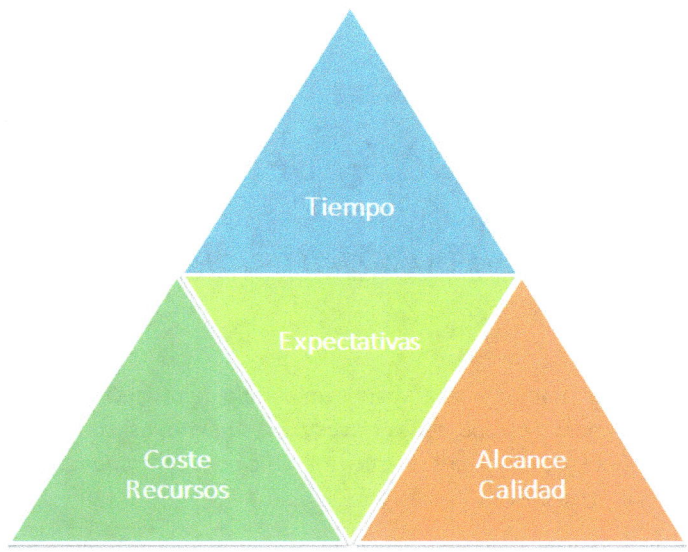

A RESUMIR

- ✓ El coste, el tiempo y la calidad son las variables clave en la ejecución de un proyecto. Están relacionados entre sí, por lo que siempre deberemos prestarles mucha atención.

- ✓ Los project managers siempre deben definir y acordar con el cliente y las partes interesadas qué será exactamente un proyecto exitoso, en términos de tiempo, presupuesto y calidad.

Planificación de recursos (RRHH y Adquisiciones)

Un buen ambiente de trabajo y un equipo de proyecto de alto rendimiento es una de las claves para su éxito, así como una correcta decisión sobre qué adquisiciones y compras son necesarias para su ejecución.

No importa cuán desafiantes o difíciles puedan ser las metas iniciales propuestas en el proyecto, poder contar con las personas adecuadas es siempre el activo más valioso posible para lograr los resultados que deseamos.

Contar con las personas adecuadas y con las herramientas y materiales apropiados es sinónimo de éxito en aquello que uno se proponga. Por lo que, en este capítulo, analizaremos estos aspectos, dado que cada proyecto debe tomarlo muy en serio.

El equipo del proyecto incluye al project manager y al grupo de personas que actúan juntas en la realización del trabajo para lograr todos los objetivos. En cada nuevo equipo que trabajará en conjunto, se deben considerar algunos factores como la cultura empresarial, el alcance del proyecto o la ubicación física de cada miembro del equipo.

Uno de los modelos más reconocidos que se utilizan para describir el desarrollo de los equipos es la escalera de Tuckman (Tuckman, 1965; Tuckman y Jensen, 1977), que incluye al menos cuatro etapas de desarrollo por las que pueden pasar los equipos. Los proyectos con miembros del equipo que trabajaron juntos en el pasado pueden omitir algunas de estas etapas:

1. Forming
   El equipo se reúne y aprende sobre el proyecto y sus funciones y responsabilidades.

2. Storming
   El equipo comienza a abordar el trabajo del proyecto, las decisiones técnicas y el enfoque de gestión del proyecto. Ésta suele ser la etapa de mayor conflicto o improductividad.

3. Norming

En esta etapa, los miembros del equipo comienzan a trabajar juntos y ajustan sus hábitos y comportamientos de trabajo para apoyar al equipo. Cada miembro aprende a confiar el uno en el otro.

4. <u>Performing</u>
Los equipos que llegan a este escenario funcionan como una unidad bien organizada. Son interdependientes y resuelven los problemas con fluidez y eficacia.

Como podemos imaginar, **administrar y liderar el equipo del proyecto es una de las responsabilidades más desafiantes para un project manager.**

Un equipo débil y poco cooperativo no solo es improductivo; puede convertir su trabajo en una rutina diaria de frustración y resentimiento. Muchas personas se queman psicológicamente, explotan y renuncian a sus trabajos debido a las dinámicas interpersonales negativas en los equipos.

Las características de un **equipo de alto rendimiento** que todo project manager debe asegurar son:

- o Entienden cómo su trabajo encaja en los objetivos principales del proyecto.

- o Tienen definidas funciones y responsabilidades claras.

- o Gestionan el trabajo y los plazos en función de las prioridades marcadas.

- Se comunican de forma clara y respetuosa.
- Confían y se respetan mutuamente.
- Celebran los éxitos juntos y reconocen el buen trabajo de otros compañeros.
- Se forman y aprenden continuamente.

Una **matriz de responsabilidad** es una tabla que muestra los recursos del proyecto asignados a cada paquete de trabajo. El formato de matriz muestra todas las actividades asociadas con una persona y todas las personas asociadas con una actividad. Esto también garantiza que solo haya una persona responsable de cada tarea para evitar la confusión en las responsabilidades.

El gráfico basado en matrices más común para este propósito es el gráfico **RACI**, de responsable, rendir cuentas (*accountable* en inglés), consultar e informar. Este cuadro es especialmente útil cuando el equipo consta de recursos internos y externos para garantizar una división clara de roles y expectativas.

Ejemplo:

RACI Chart	Person				
Activity	Ann	Ben	Carlos	Dina	Ed
Create charter	A	R	I	I	I
Collect requirements	I	A	R	C	C
Submit change request	I	A	R	R	C
Develop test plan	A	C	I	I	R

R = Responsible   A = Accountable   C = Consult   I = Inform

El **plan de recursos de Compras o adquisiciones** consiste en todos los procesos necesarios para comprar o adquirir productos o servicios necesarios desde fuera del equipo del proyecto. También incluirá la gestión de contratos y los procesos de control de cambios necesarios para desarrollar y administrar contratos u órdenes de compra (PO, *Purchase Order* en inglés) emitidos por miembros autorizados del equipo del proyecto.

Un proyecto complejo puede implicar la gestión de múltiples contratos o subcontratos simultáneamente o en secuencia.

En tales casos, cada ciclo de vida del contrato puede terminar durante cualquier fase del ciclo de vida del proyecto. La gestión de adquisiciones se analiza desde la perspectiva de la relación comprador-vendedor. La relación comprador-vendedor puede existir en muchos niveles en cualquier proyecto, y entre organizaciones internas y externas a la organización adquirente.

Algunas actividades y técnicas típicamente ejecutadas durante este plan de adquisiciones son:

- *Make or Buy* análisis (comprar vs realizar un mismo)

- *Benchmarking* (Investigación del mercado)
- Criterios de selección de fuentes
- Negociación durante las adquisiciones

A RESUMIR

- ✓ Contar con las personas adecuadas y con las herramientas y materiales adecuados son sinónimo de éxito en cualquier pequeño o gran proyecto.

- ✓ Administrar y liderar un equipo de proyecto de alto rendimiento es una de las responsabilidades más desafiantes para un project manager.

- ✓ Una matriz de responsabilidad muestra los recursos del proyecto asignados a cada paquete de trabajo. El gráfico basado en matrices más común para este propósito es el gráfico RACI.

- ✓ El plan de recursos de Compras o adquisiciones consistirá en todos los procesos necesarios para comprar o adquirir productos o servicios necesarios desde fuera del equipo del proyecto.

Plan de comunicación

También es muy importante definir bien desde el principio cómo se desea que fluya la comunicación entre todos los miembros del proyecto. Puede parecer un simple detalle, pero créanme, es uno de los factores clave de un proyecto bien gestionado.

Los project managers deben establecer un enfoque y un plan apropiados para las comunicaciones del proyecto en función de las necesidades y los requisitos de información de todas las partes interesadas. El beneficio clave de este plan es que identifica y documenta el enfoque para comunicarse de la manera más efectiva y eficiente entre los miembros del equipo del proyecto y con el resto de las partes interesadas.

Para establecer un **plan de comunicación efectivo**, existen algunas acciones típicas y reuniones muy útiles, como:

- Reunión de inicio (kickoff) del proyecto
- Reuniones del equipo del proyecto
- Reunión de estado del proyecto
- Informes ejecutivos
- Procesos de gestión de cambios solicitados

Ejemplo de un cuadro resumido del plan de comunicación en un proyecto podría ser:

PLAN DE COMUNICACIONES				
INTERESADOS	RESPONSABLES DE DISTRIBUIR LA INFORMACIÓN	METODOS DE COMUNICACIÓN A SER UTILIZADO	FRECUENCIA DE COMUNICACIÓN	INFORMACIÓN QUE SERÁ COMUNICADA
Mario Castañeda	Luis Castro	Documentos en Word	Una sola vez	Acta de Constitución
Luis Castro	Kevin Dueñas	Formato en Excel	Una sola vez	Informe de Matriz de Rastreabilidad
Equipo del Proyecto	Luis Castro	Informe vía correo electronico	Semanal	Coordinaciones del proyecto, reuniones
Luis Castro	Kevin Riquelme	Actualizaciones en MS Project	Semanal	Informe de la integración de los modulos del ERP
Luis Castro	Kevin Dueñas	Formato en Excel	Una sola vez	Reporte de fallas del sistema
Mario Castañeda	Luis Castro	Documento en Word	Una sola vez	Datos de comunicación sobre el cierre del proyecto

En algunos casos, también es necesario establecer con el cliente o un socio una **matriz de escalado**, especialmente para asignar a cada lado quién estará a cargo en caso de que se atiendan diferentes tipos de posibles incidentes o eventos.

Tipo de incidencia	Grupo de escalado	Criticidad	Tiempo de escalado
Refrigeración CPD	Operación CPD	Alta	0'
Impresora Urgencias	Soporte insitu	Alta	10'
Impresora Urgencias	Soporte insitu	Media	30'
Caida servicio de Windows	Intel	Alta	5'

Las herramientas y tecnologías que se utilicen para cada tipo de comunicación y documentación necesaria en un proyecto dependerán del tipo de comunicación en sí. Ejemplos de herramientas para **gestionar eficazmente la documentación y la comunicación del proyecto** son:

- o Comunicación "interactiva" (entre dos o más partes que realizan un intercambio de información multidireccional): reuniones, llamadas telefónicas, mensajería instantánea, videoconferencia, etc.

- o Comunicaciones "push" (enviadas a destinatarios específicos que necesitan recibir la información): tenemos informes, correos electrónicos, faxes, mensajes de voz, etc.

- o Comunicación "pull": (para volúmenes de información muy grandes o para audiencias muy grandes): sitios de intranet, e-learning, bases de datos de lecciones aprendidas, repositorios de conocimientos, etc.

A RESUMIR

- ✓ Los project managers siempre deben establecer un enfoque y un plan apropiados para las comunicaciones del proyecto en función de las necesidades y los requisitos de información de todas las partes interesadas.

- ✓ Los planes de comunicación y/o las matrices de escalado son necesarios de compartirse siempre que aplique con el cliente y las partes interesadas del proyecto.

- ✓ Para gestionar de forma eficaz la documentación y la comunicación de los proyectos, existen diferentes herramientas y tecnologías que se pueden utilizar según el tipo de comunicación y la audiencia (interactiva, push o pull).

Gestión de riesgos

El nivel de riego 0 es imposible de alcanzar en cualquier aspecto en la vida, todos estamos de acuerdo en esta afirmación. La ejecución de proyectos tampoco es una excepción, por lo que un **project manager siempre deberá elaborar un plan mínimo de gestión de riesgos** para garantizar que al menos la mayoría de los riesgos potenciales y severos que podrían poner en peligro su ejecución en alcance, tiempo y presupuesto estén controlados.

Primero, deberemos comenzar con **identificar todos los riesgos potenciales**, determinando qué riesgos pueden afectar al proyecto y documentando sus características. Ello supondrá la documentación de todos los riesgos existentes junto con el equipo de proyecto para poder anticiparse a los acontecimientos.

Identificar los riesgos es siempre un proceso iterativo, porque los nuevos riesgos podrán evolucionar o ser conocidos a medida que el proyecto avanza a lo largo de su ciclo de vida. La frecuencia de iteración y participación en cada ciclo variará según cada situación.

Cada vez que se identifican nuevos riesgos en un proyecto, el equipo debe **desarrollar un plan de respuesta y contingencia** para cada uno. La mayoría de los proyectos tienen una enorme cantidad de riesgos potenciales. Cuantificar el daño potencial y la probabilidad de que ocurra un riesgo permitirá al equipo priorizar los riesgos, enfocando su atención donde es más necesario.

No todos los riesgos pondrán en peligro un proyecto. Los jefes de proyecto deben saber discernir la magnitud del riesgo y desarrollar una estrategia adecuada para hacer frente a cada uno. En general, los principales pasos a seguir, una vez que se identifica un nuevo riesgo, para desarrollar una estrategia adecuada son:

1. Definición del riesgo, incluyendo la severidad del impacto negativo.

2. Asignando una probabilidad al riesgo, tratando de responder a la pregunta: *"¿Qué probabilidad hay de que ocurra este problema o situación?"*

3. Desarrollar una estrategia para reducir los posibles daños. Esta estrategia estará basada en la severidad

y probabilidad del riesgo. Se pueden aceptar diferentes enfoques, dependiendo de la probabilidad y la gravedad de los riesgos: desde reducir/mitigar el riesgo, evitar el riesgo como tal, o incluso aceptarlo en caso de que su probabilidad sea demasiado baja y su plan de contingencia sea demasiado costoso o incluso inviable.

Una **matriz de riesgo** es muy útil para definir el nivel de riesgo al considerar la categoría de probabilidad frente a la categoría de gravedad de su consecuencia. De esta forma, el project manager podrá determinar en qué riesgos se deben prestar más atención durante la ejecución del proyecto.

Matriz de valoración de riesgos		Consecuencias			
		Insignificante	Moderado	Dañino	Extremo
Probabilidad	Muy alta	Medio	Alto	Crítico	Crítico
	Alta	Medio	Alto	Alto	Crítico
	Media	Bajo	Medio	Alto	Alto
	Baja	Bajo	Bajo	Medio	Medio

A RESUMIR

- ✓ Los project managers deberán siempre asegurarse de que al menos la mayoría de los riesgos potenciales y severos que podrían poner en peligro la ejecución de nuestro proyecto en alcance, tiempo y presupuesto estén controlados.

- ✓ La identificación de los riesgos del proyecto supondrá la documentación de todos los riesgos existentes junto con el equipo del proyecto para poder anticiparse a los acontecimientos.

- ✓ Desarrollar un plan de respuesta y contingencia para cada riesgo identificado es necesario para determinar una estrategia apropiada basada en la probabilidad y severidad en caso de que ocurra.

- ✓ Una matriz de riesgo es muy útil para definir el nivel de riesgo al considerar la categoría de probabilidad frente a la categoría de gravedad o impacto de sus consecuencias.

BLOQUE 4: *Ejecución y Seguimiento de Proyectos*

Hasta el momento, hemos ido definiendo y planificando todos los aspectos relacionados con nuestro proyecto, en base a nuestra metodología elegida para gestionarlo adecuadamente. ¡Ahora es el momento de hacer todo el trabajo!

En este proceso de ejecución y control del proyecto, se gastará una gran parte del presupuesto del proyecto mientras que todo el trabajo definido en nuestro alcance (WBS) lo realizará el equipo del proyecto.

De modo que, durante este proceso es cuando la mayor parte de la carga de trabajo la realizará el equipo. El principal beneficio de este proceso es que el desempeño del proyecto se mide y analiza a intervalos regulares en eventos apropiados, mientras que se pueden identificar algunas variaciones con respecto al plan inicial del proyecto.

Aquí, el papel del project manager será principalmente coordinar personas y recursos, gestionar las expectativas de las partes interesadas, así como integrar y realizar las actividades del proyecto de acuerdo con el plan del proyecto.

Comunicación

Es imposible ejecutar un proyecto de manera exitosa sin una buena comunicación entre sus miembros involucrados. Tengamos eso todos en cuenta.

La comunicación fluida y activa es el flujo sanguíneo de un proyecto saludable. De lo contrario, seguramente pasaremos interminables cantidades de tiempo tratando de mantener a todos en la misma página pero nunca con éxito, si se no establecen canales eficientes y foros apropiados para cada necesidad en un proyecto.

La frecuencia de las reuniones con el equipo del proyecto debe depender de la metodología de gestión utilizada y de la naturaleza misma del proyecto. Esto debe ser previamente decidido y compartido dentro de nuestro plan de proyecto.

Los project managers deben ser conscientes de la importancia de una adecuada frecuencia y duración de las reuniones, ya que demasiadas o demasiado largas supondrán una pérdida de tiempo valioso, y muy pocas o demasiado cortas pueden significar falta de información o comunicación en el proyecto. Equilibrar esas variables siempre es responsabilidad de un project manager.

Algunos consejos y pautas para **organizar reuniones efectivas** serían:

Antes de la reunión

- o Enviar invitación a la reunión especificando el propósito, las horas previstas de inicio y finalización y la ubicación de la reunión. Haciendo saber a todos con anticipación quién más participará.
- o Enviar agenda que indique el propósito de la reunión y enumere los temas principales que se discutirán.

Durante la reunión

- o Ser puntuales. Agradecer a todos los asistentes por su tiempo y puntualidad.
- o Revisar el proceso que se espera seguir. Si es necesario, establecer reglas básicas y determinar cómo se tomarán las decisiones.
- o Utilizar la agenda para estructurar la reunión. Si un tema parece ser demasiado grande para resolverlo dentro del tiempo asignado, particularmente si no se necesita todo el grupo para la resolución, anotar un punto de acción y resolverles fuera de la reunión.

- o Asegurarnos de anotar todas las decisiones importantes tomadas y los puntos de acción que debe realizar el equipo tras la reunión.
- o Durante las discusiones, se debe controlar al grupo y su participación.
- o Resumir los comentarios y realizar un breve resumen de las decisiones tomadas y puntos de acción pendientes.

Después de la reunión

- o Enviar el resumen de la reunión o sus actas resultantes. Cuanto antes se emitan, más probable será que la gente las lea y responda si es necesario.

Al seguir estas pautas simples descritas anteriormente, demostraremos respeto por el equipo al hacer que todas sus reuniones sean lo más productivas posible.

La comunicación efectiva y la escucha activa entre todos los miembros involucrados en el proyecto es otra habilidad muy valiosa a dominar durante su ejecución. Los proyectos están hechos de personas que realizan tareas de trabajo. Hacer las cosas de la manera correcta requiere comunicación entre todas las partes interesadas. Como project managers, pasamos gran parte de nuestro tiempo comunicándonos. Esto incluye establecer y llegar a un acuerdo sobre los objetivos, coordinar a las personas, descubrir y resolver problemas y gestionar las expectativas.

La comunicación es una habilidad vital para los project managers. Deben poder escribir y hablar muy bien, dirigir reuniones de manera efectiva y resolver conflictos constructivamente. También necesitan escuchar atentamente a las personas, para que realmente entiendan lo que le dicen.

Cuando se trata de comunicarse con las partes interesadas ejecutivas y los clientes, el project manager deberá hacerse ciertas preguntas sobre la transmisión de información, como:

- o *¿Quién necesita la información y por qué?*
- o *¿Qué tipo de información necesitarán, con qué detalle y con qué frecuencia?*
- o *Cuando se comunique con los clientes y la gerencia, ¿cuál será su objetivo y con qué medio lo logrará mejor?*

La mayor parte de la información importante del proyecto se comparte comúnmente mediante documentos e informes ejecutivos. Un ejemplo de un repositorio de documentación de proyectos bien estructurado y compartido podría ser (en función de su metodología de gestión aplicada):

```
[NOMBRE DEL PROYECTO]
    ▪ /INICIO y DEFINICIÓN
    ▪ /PLAN DE PROYECTO
    ▪ /EJECUCIÓN Y PRUEBAS
    ▪ /CIERRE
```

Dentro de cada una de esos directorios, el project manager puede organizar y almacenar toda la documentación del proyecto para todos sus procesos. Mantener esta estructura ayudará a mantener toda la información del proyecto clara y de fácil acceso.

A RESUMIR

- ✓ La comunicación fluida y activa es el flujo sanguíneo de un proyecto sano y exitoso.

- ✓ La frecuencia de las reuniones con el equipo del proyecto dependerá de la metodología de gestión utilizada y de la naturaleza misma del proyecto.

- ✓ La comunicación efectiva y la escucha activa entre todos los involucrados en el proyecto es otra habilidad muy valiosa a dominar durante su ejecución.

- ✓ La mayor parte de la información importante del proyecto se comparte comúnmente mediante documentos e informes ejecutivos. Cuanto más estructurada esté esta documentación, más fácil será mantener y acceder a esa información para todos.

Medición del progreso

Al final del proyecto, no importará ya que medición o status reportemos, porque ya no tendremos margen para realizar ninguna modificación sobre su planificación o presupuesto. **El factor clave para terminar un proyecto a tiempo y dentro su presupuesto es comenzar a medir su progreso durante toda su ejecución**.

Durante la ejecución de nuestro proyecto, podremos preguntarnos *¿está dentro o fuera del presupuesto?*

Medir los costes con precisión es fundamental a medida que avanza un proyecto porque el coste mide la productividad. Cada paquete de trabajo tiene estimaciones de costes de mano de obra, equipos y materiales…etc. A medida que se ejecuta cada uno, debemos asegurarnos de registrar los costes reales.

La comparación de los costes planificados y reales nos indicará si el proyecto avanza según lo planificado.

Ejemplo de seguimiento del coste real para cada paquete de trabajo:

Task Name	Planned			Actual		
	Labor	Equipment	Materials	Labor	Equipment	Materials
Task n	40 hrs.	$1000	$1500	50 hrs.	$1200	$1500
Task p	30 hrs.	$200	$100	25 hrs.	$200	$150
Task r	60 hrs.	0	0	55 hrs.	0	0

Un buen método es calcular periódicamente la **variación de costes** de nuestros paquetes de trabajo representados en el alcance de nuestro proyecto (WBS), utilizando nuestra línea base de presupuesto y restando los costes reales de todo el trabajo completado hasta el momento.

- o Si esa resta es negativa →El proyecto está por encima del presupuesto
- o De lo contrario →, el proyecto está dentro del presupuesto

Durante la ejecución de nuestro proyecto también podremos preguntarnos, *¿se ejecutará a tiempo o con retrasos?*

La **variación de los hitos de la planificación** es la diferencia entre el valor del trabajo que se planeó completar y el valor del trabajo que realmente se completó.

Las formas de medir el progreso dependerán también de la metodología de gestión utilizada. Por ejemplo, en metodologías Agile (Scrum) es muy común aplicar los denominados *"burndown charts"*, con el fin de dibujar el trabajo restante a realizar en un proyecto a lo largo del tiempo.

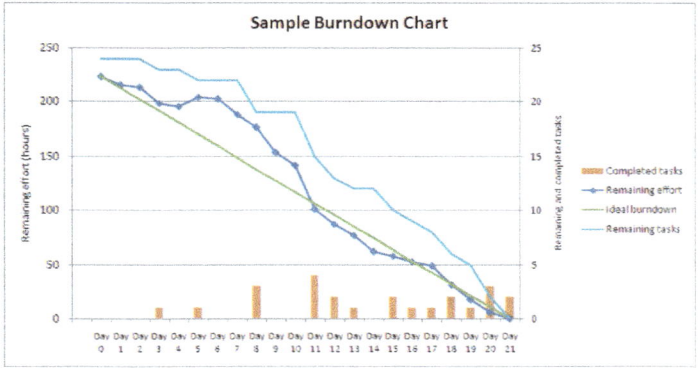

Para controlar la calidad de los entregables durante la ejecución del proyecto, **debemos seguir nuestro plan de calidad indicado en nuestro plan de proyecto**, siempre teniendo en cuenta qué calidad mínima se considerará aceptable para la satisfacción del cliente en el producto/servicio final.

Algunas técnicas muy utilizadas para el control de calidad a la hora de medir el avance de un proyecto son:

- Aplicación de herramientas básicas de calidad (anteriormente descritas en el capítulo Plan de Calidad).

- Inspecciones
- Muestreo estadístico
- Comentarios (feedbacks) de los clientes
- Revisiones de las solicitudes de cambio

A RESUMIR

- ✓ El factor clave para terminar un proyecto a tiempo y dentro de su presupuesto es medir el progreso durante toda su ejecución.

- ✓ Al comparar los costes planificados y reales, ello nos indicará si el proyecto está progresando según lo planificado (si está dentro del presupuesto o por encima del presupuesto).

- ✓ La variación de la planificación es la diferencia entre el valor del trabajo que se planeó completar y el valor del trabajo que realmente se completó (si va a tiempo o retrasado).

- ✓ Las técnicas de medición del progreso y obtención de KPIs dependerán también de la metodología de gestión utilizada en cada proyecto.

- ✓ Para controlar la calidad de los entregables durante la ejecución del proyecto, debemos seguir nuestro plan de calidad, teniendo siempre en cuenta qué calidad mínima se considerará aceptable para la satisfacción del cliente en el producto/servicio final.

Informes ejecutivos

Durante la ejecución del proyecto no solo es importante controlar y medir cómo va nuestro proyecto. También lo es dar a conocer a los miembros involucrados sobre su estado con una frecuencia adecuada y de manera efectiva. Como podemos adivinar... sí, esto también es responsabilidad del project manager ☺

La presentación periódica de informes ejecutivos sobre cómo marcha el proyecto siempre es muy importante para mantener el interés, el compromiso y el apoyo de las partes interesadas, especialmente por parte del sponsor y directiva.

También nos dará la confianza de los clientes, especialmente si **SÓLO se comparte información RELEVANTE**, pero no demasiada ni innecesaria.

Otro aspecto importante es ser totalmente transparente con lo que está pasando en el proyecto, tanto las buenas como las malas noticias. Cuanto más sinceros y proactivos seamos como project managers con la información a ser conocida para las partes interesadas, mejor curso tomará nuestro proyecto.

La información no son solo datos. La habilidad de traducir todos los documentos y datos que dé como resultado un resumen del estado del proyecto fácil de entender, es una de las mejores habilidades que un project manager puede dominar.

Para este propósito, hoy en día existen muchas herramientas efectivas (*Power Point, Power BI, Tableau*, etc.) para elaborar un resumen valioso de las últimas actualizaciones relevantes del proyecto en un informe ejecutivo bien estructurado.

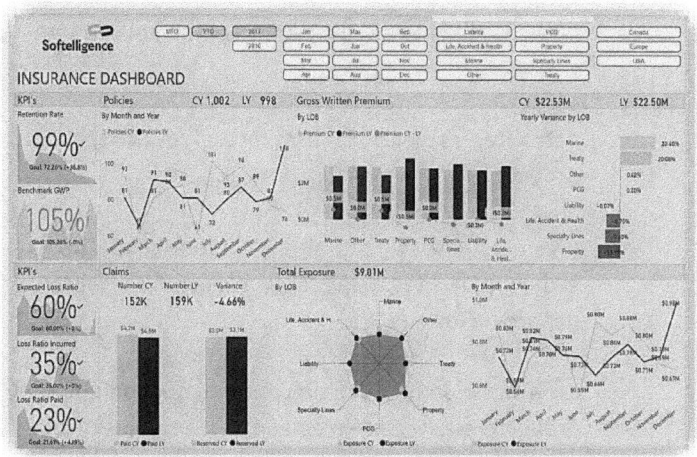

Independientemente de la herramienta utilizada para eso, aquí se muestran algunos consejos importantes para destacar el estado y el progreso del proyecto en un informe ejecutivo orientado a los clientes u otras partes interesadas clave.

- o Cuanto más breve y claro sea el informe, mejor. Su misión es compartir de un vistazo la información importante del proyecto. En caso de que alguien necesite profundizar en algún punto específico, habrá documentos y material para ello.

- o Las actualizaciones principales sobre el progreso del proyecto deben ser fácilmente visibles.

- o Siempre debe contener puntos de bloqueo actuales para el calendario, o decisiones importantes a tomar o acordar.

- o Actualizar también la lista actual de riesgos del proyecto y sus planes de contingencia.

- o Próximos pasos a realizar, así como asignar dueño a cada uno de ellos, de acuerdo al calendario y alcance del proyecto.

- o En general, se necesita un resumen que indique si el proyecto está "en buen estado" o si se necesita algún cambio en la planificación inicial.

Ejemplos de informes ejecutivos sobre el estado del proyecto pueden ser:

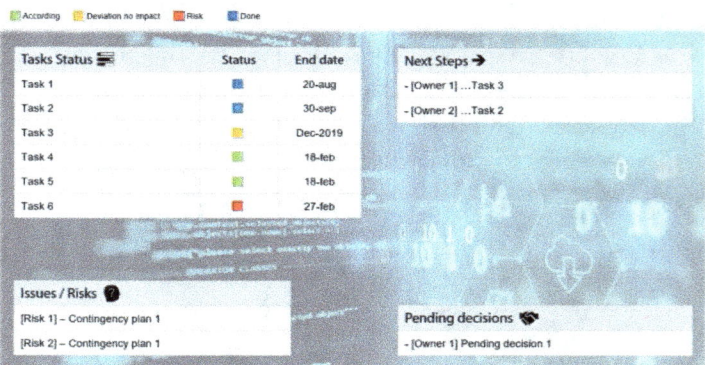

Project Control Panel

Scope Block	Team	Task	State	Owner	End Date	Observations
Analysis			FINISHED			
Design			PENDING			
Design			FINISHED			
Implementation			FINISHED			
Implementation			FINISHED			
Implementation			IN PROGRESS			
Implementation			IN PROGRESS			
Implementation			PENDING			
Implementation			FINISHED			
Test			FINISHED			
Test			FINISHED			
Release			FINISHED			
Monitor			FINISHED			

A RESUMIR

- ✓ Es muy importante dar a conocer a los miembros involucrados el estado del proyecto con la frecuencia adecuada y de manera efectiva mediante la elaboración de informes ejecutivos.

- ✓ La habilidad de traducir todos los documentos y datos dará como resultado un resumen del estado del proyecto fácil de entender. Ésta es una de las mejores habilidades que un project manager puede dominar.

- ✓ Independientemente de la herramienta utilizada para elaborar estos informes, siempre es importante que sean fáciles de leer, con un resumen que indique si el proyecto marcha según se planificó, o si se necesita algún cambio en la planificación inicial.

Gestión del cambio

Es casi inevitable que durante la ejecución del proyecto, como en la vida, habrá cambios necesarios provenientes de diferentes fuentes o partes interesadas. La actuación aquí del project manager es clave para gestionar con éxito estos cambios, tratando de adaptarlos al alcance y calendario inicial, tratando al mismo tiempo de mantener las expectativas y la satisfacción de las partes interesadas con el proyecto. Como puedes imaginar, esa nunca es una tarea fácil.

Estas son **algunas de las principales razones frecuentes por las** que un proyecto puede sufrir solicitudes de cambio:

- o   Un proceso de recopilación de requisitos escaso o insuficiente al inicio de la planificación del proyecto.
- o   No considerar a todos los miembros involucrados impactados por el proyecto durante su definición.
- o   Nuevas necesidades comerciales del cliente.
- o   Otros eventos externos ajenos al proyecto (nuevas leyes reguladoras, fuerza mayor...etc).

La gestión del cambio varía mucho según la metodología utilizada para gestionar el proyecto. Por ejemplo, es muy crítico y difícil lidiar con nuevos requisitos o cambios cuando se ejecuta una metodología clásica (en cascada).

Sin embargo, con una metodología ágil, frecuentemente aplicada a implementaciones de tecnologías de la información, por ejemplo, es muy común que durante la ejecución de sprints se necesiten nuevos requisitos o modificaciones, y tener que priorizar continuamente con el cliente y las partes interesadas estas nuevas necesidades en el backlog o lista de tareas.

En todos los casos, los project managers deben estar a cargo de equilibrar el proyecto (alcance, tiempo, coste) con el conocimiento de las partes interesadas en caso de que se necesiten cambios. En general, estas son las principales tareas que deben abordarse cuando llega una solicitud de cambio durante la ejecución del proyecto:

- o   Redefinir el alcance (WBS) con los nuevos requisitos.
- o   Estimarlos y redefinir el nuevo horario.
- o   Calcular de nuevo el presupuesto necesario para ejecutar el nuevo plan de proyecto.

Si después de esos pasos, el cliente y las principales partes interesadas aceptan el nuevo plan del proyecto actualizado con los cambios necesarios, la ejecución del proyecto se reanudará de acuerdo con esta nueva planificación.

De lo contrario, el project manager deberá comenzar a equilibrar el triángulo alcance-tiempo-coste, tratando de ajustar la nueva situación al calendario, presupuesto y alcance actuales.

Otra posible opción a contemplar es una **entrega de productos/servicios por fases**. En una situación en la que el proyecto no puede entregar el producto/servicio completo antes de la fecha límite, aún existe la posibilidad de que pueda entregarse una parte útil del mismo. Los sistemas de información compuestos por varios subsistemas, por ejemplo, a menudo implementarán un subsistema a la vez. Entonces, en muchos casos existe esta opción de entregar más de un producto/servicio en caso de que se soliciten algunas características adicionales durante su implementación.

En cualquier situación, **reducir la calidad del producto/servicio final no es una opción**, nunca, por muchas razones. Dado que las dos características de la calidad del producto son la funcionalidad y el rendimiento, si consideramos reducir la calidad de un producto/servicio entregable para cumplir con un plazo o no sobrepasar un presupuesto mal calculado, tras ello, seguramente sufriremos resultados negativos, como por ejemplo:

- o Clientes insatisfechos.
- o Pérdida de reputación como gestores de proyectos.
- o Pérdida de reputación de nuestra empresa empleadora.
- o Teniendo en ocasiones que rehacer trabajos en caso de que los clientes lo reclamen para poder pagar ese producto o servicio, con el sobrecoste que puede suponer sobre el presupuesto inicial.

Los jefes de proyecto también deben **diferenciar siempre las solicitudes de cambio de las incidencias/errores detectados** durante el proceso de ejecución o validación. Por ejemplo, un cliente puede reclamar que un entregable no tiene todas las características necesarias, o incluso que funcione mal. En esos casos, **los project managers siempre deben usar el plan inicial**

del proyecto para verificar si ese entregable realmente cumple o no con los requisitos iniciales exigidos por el cliente. Si es así, la reclamación del cliente se tratará como una nueva solicitud de cambio. La gestión de estos escenarios con los clientes y las partes interesadas durante toda la ejecución del proyecto debe ser el principal foco de atención.

A RESUMIR

- ✓ Los project managers siempre son responsables de gestionar las expectativas y el compromiso de las partes interesadas cuando surgen solicitudes de cambio en el proyecto.

- ✓ Algunas de las principales razones por las que un proyecto puede sufrir solicitudes de cambio son un proceso deficiente de recopilación de requisitos, no considerar a todas las partes interesadas afectadas por el proyecto, o simplemente nuevas necesidades comerciales del cliente.

- ✓ La gestión del cambio varía radicalmente según la metodología del proyecto utilizada.

- ✓ Reducir la calidad del producto/servicio no es una opción, nunca.

- ✓ Diferenciar las solicitudes de cambio de las incidencias/errores detectados durante la ejecución del proyecto utilizando el plan de proyecto inicial acordado debe ser el trabajo principal del project manager.

Resolución de problemas comunes

La mayor parte del tiempo en la gestión de un proyecto se dedica a lidiar con problemas, conflictos o hacer frente a diferentes situaciones que requieren un alto nivel de empatía e inteligencia emocional por parte del project manager.

La ciencia de la gestión de proyectos nos brinda la capacidad de establecer planificaciones, calcular presupuestos, estimar recursos necesarios, medir el rendimiento, estimar las probabilidades de riesgo y mucho más acompañado de herramientas de software que actualmente nos ayudan a ejecutar estos procesos.

Sin embargo, las computadoras no gestionan proyectos, por lo que entregar un proyecto de manera adecuada significa superar los problemas que surgen en proyectos de cualquier tamaño y cualquier industria.

Estas son algunas de **las situaciones más típicas** que pueden ocurrir durante la ejecución de un proyecto:

- El proyecto no cuenta con el apoyo suficiente de los directores gerentes
  Ningún proyecto puede completarse con éxito si sus objetivos y su visión no están bien respaldados por su sponsor principal y la directiva. Es un hecho. Con esta falta de apoyo, es muy frecuente que el equipo no dedique el tiempo suficiente a las tareas asignadas, por otros proyectos o labores más prioritarios. Un proyecto comenzará con una buena reputación si cuenta con el debido interés y apoyo de la junta y los directores involucrados.

- Falta de autoridad
  Cuando los proyectos superan los límites de la organización, de repente podemos vernos confiando en personas sobre las que no tenemos autoridad. No trabajan ni para nosotros ni para el sponsor del proyecto. Para estos casos, con el fin de mantener el entusiasmo y el compromiso de estos miembros del equipo "externos", el project manager puede aplicar algunas técnicas. Por ejemplo, solicitar el doble

apoyo del sponsor en este asunto, explicarles muy bien la razón detrás del proyecto, involucrarlos en todas las comunicaciones del proyecto, hacer que las asignaciones sean fáciles de entender y hacer seguimiento, y brindarles actualizaciones sobre el proyecto incluso durante tiempos cuando no están activamente involucrados.

- Recuperación de desastres
  En los casos en que un proyecto "descarrila" en gran medida, por ejemplo, después de perderse varios hitos importantes del calendario o debido a otras razones críticas, lo mejor que se puede hacer en estos casos como project manager sería:
  - Priorizar el alcance restante y aclarar las posibles sanciones por no cumplir con el plazo o sobrepasarnos del presupuesto inicial.

  - Con respecto al plan del proyecto, visualizar el mejor escenario de planificación posible. A partir de ese momento, podremos negociar más recursos, más tiempo o menos alcance (o los tres) en función de nuestro plan. También podemos usar nuestro camino crítico para mostrarle a la gerencia y al sponsor qué recursos necesitaremos para terminar el proyecto lo más rápido posible.

  - Hacer una estimación realista de los paquetes de trabajo e incluir al equipo en el proceso de estimación. De esta manera, el equipo estará más comprometido y menos frustrado con el calendario.

- Las reuniones de estado frecuentes enfocadas en completar tareas a corto plazo nos mantendrán al tanto del progreso y nos permitirán resolver problemas más rápidamente.

  o Reducción del Time To Market
  La velocidad cuenta en todas las industrias. En este mundo globalizado y en evolución en el que vivimos, el tiempo que tardamos en poner nuestro producto/servicio a disposición de nuestros clientes (*Time To Market* en inglés) es un aspecto crítico en la mayoría de los nuevos proyectos, especialmente aquellos que intentan lanzar un nuevo producto o servicio al mercado.

  Un enfoque inicial para este tipo de situaciones sería que, dada la fecha límite fijada para el lanzamiento comercial, nos centraremos en establecer un *retroplanning*, estimando y vinculando todas las tareas interdependientes del alcance mientras construimos nuestro calendario hacia atrás en el tiempo. De esta forma llegaremos a determinar cuál deberá ser nuestra fecha de inicio para cumplir con el plazo asignado de lanzamiento del producto.

  Otra opción también puede ser acordar con el sponsor el alcance inicial para un primer lanzamiento de un mínimo producto valioso (siglas *MVP* en inglés) que seguramente cumplirá con la fecha límite, y tras recibir los primeros comentarios de los clientes de ese MVP inicial, continuar implementando las características restantes de nuestro producto o servicio que son sean tan prioritarias. Este enfoque se usa con frecuencia en metodologías ágiles aplicadas comúnmente en las industrias de tecnología de la información.

o <u>Los clientes retrasan el proyecto o cambian radicalmente el alcance o los objetivos del proyecto</u>
En caso de que el cliente o sponsor principal sea la causa del punto de bloqueo en el proyecto, siempre debemos tratar de reconducir la situación al plan inicial, manteniendo el equipo dedicado a las tareas asignadas que no se ven afectadas por este bloqueo.

En caso de que esta demora continúe, debemos determinar el coste y los impactos de programación de la demora. Incluso si este punto de bloqueo no está en la ruta crítica, puede haber costes asociados con cambiar nuestro plan. Documentaremos el motivo de la demora, así como los impactos en el coste y el calendario, y lo informaremos lo antes posible al cliente y a las principales partes interesadas.

- Nuevos requisitos llegan continuamente al proyecto
  Este escenario ya se mencionó en el capítulo anterior con respecto a la gestión del cambio. Obviamente, el tiempo del proyecto no se puede gastar continuamente en recibir nuevos requisitos, redefinir el alcance, reestimar nuevas tareas y recalcular el presupuesto, etc.

  El project manager deberá abordar estas situaciones acordando con el sponsor y todas las partes interesadas involucradas el alcance inicial del proyecto. En caso de que se deseen nuevos requisitos para el producto/servicio final, se deberá decidir si serán realizados en una fase futura después de entregar el alcance inicial definido, o por lo contrario se precisa de un cambio de alcance en el plan de proyecto inicial.

A RESUMIR

- ✓ Entregar un proyecto de manera adecuada significa superar los problemas que surgen en proyectos de cualquier tamaño y cualquier industria.

- ✓ La mayor parte del tiempo de gestión de un proyecto se dedica a lidiar con problemas, conflictos o con diferentes situaciones que deben ser resueltas principalmente por el project manager.

- ✓ La mayoría de las situaciones típicas descritas en este capítulo se pueden evitar asegurando los siguientes **factores que harán que cualquier proyecto sea exitoso** :

    1) **Acuerdo** entre el equipo del proyecto, el cliente y la gerencia **sobre los objetivos** del proyecto.

    2) Un plan que muestre **una hoja de ruta y responsabilidades claras**, que también se utilice para medir el progreso durante el proyecto.

    3) **Comunicación constante y efectiva** entre todos los miembros involucrados en el proyecto.

    4) **Un alcance controlado** durante toda su ejecución.

    5) **Apoyo y autoridad desde la directiva**.

BLOQUE 5: *Cierre del Proyecto*

Una vez realizado y validado todo el trabajo, llega el momento de lanzar formalmente nuestro nuevo producto/servicio al mercado o entregarlo al usuario/cliente principal.

Este proceso de cierre se realiza para finalizar todas las actividades, obligaciones contractuales y considerar oficialmente el proyecto como finalizado.

Al cerrar un proyecto, deben ocurrir las siguientes tareas:

- Obtener la aceptación por parte del cliente o sponsor principal para cerrar formalmente el proyecto.

- Documentar lecciones aprendidas de la ejecución del proyecto y conflictos resueltos.

- Archivar todos los documentos relevantes del proyecto para utilizarlos como datos históricos para proyectos futuros.

- Cerrar todas las actividades de adquisición asegurando la terminación de todos los acuerdos relevantes.

El beneficio clave de este proceso final será brindar lecciones aprendidas, así como también dar un final formal del trabajo del proyecto para liberar recursos con el objetivo emprender nuevos esfuerzos a la vista.

Entrega del producto/servicio final

Esto significa lograr la transición del producto, servicio o resultado final que el proyecto estaba autorizado a producir desde la definición inicial.

Esto también significa alcanzar el hito principal del proyecto, cuando se cumplen todos los requisitos exigidos por las partes interesadas.

Obviamente, hay muchas formas diferentes de entregar un producto/servicio/resultado final al cliente, según el tipo y la naturaleza del proyecto en sí. Independientemente de que este producto/servicio final sea una nueva versión de una solución de software empresarial, una herramienta física o un servicio profesional demandado, todas las entregas finales tienen muchos detalles mínimos en común para asegurar la satisfacción del cliente y una buena experiencia de usuario.

A continuación se describen algunos puntos importantes a considerar antes de entregar un producto o servicio a un cliente:

- Pruebas de validación basadas en casos de uso que cumplan con los requisitos del proyecto.
- Canal de comunicación elegido para realizar la entrega.
- Considerar también si habrá una sola entrega o varias, en función de diferentes hitos y fases acordadas en la planificación inicial del proyecto.
- Utilizar información histórica o lecciones aprendidas de proyectos anteriores con ese cliente o alcance similares.

Validar y asociar cada caso de prueba con su requisito inicial cumplido es un factor clave de éxito en la entrega de cualquier producto/servicio final.

A continuación se muestra un par de ejemplos de matrices de planes de pruebas basadas en los requisitos iniciales del proyecto:

Req No	Req Desc	Testcase ID	Status
123	Login to the application	TC01,TC02,TC03	TC01-Pass TC02-Pass
345	Ticket Creation	TC04,TC05,TC06, TC07,TC08,TC09 TC010	TC04-Pass TC05-Pass TC06-Pass TC06-Fail TC07-No Run
456	Search Ticket	TC011,TC012, TC013,TC014	TC011-Pass TC012-Fail TC013-Pass TC014-No Run

Current Condition	
3	Meets Specification
2	Underperformed
1	Does Not Meet

Importance	
5	High
3	Medium
1	Low

Specification Number	Importance	Associated Test Plan	Sparry	Subsystem	Specification (metric)	Specification (units)	Marginal Value	Ideal Value	Comments/Status	Current Condition
S1	5	Airflow System Functionality	E R	Air pump and valves	Atmosphere system	psi	0.05	0		2
S2	3	Airflow System Functionality	E R	Air pump and valves	Pressure	psi	0.05	0		2
S3	5	Airflow System Functionality	E R	Air pump and valves	Interior cycles	cycles	40	50		2
S4	5	Hatch and Vacuum Barrier Bulkhead Interface Seal	E R	Bulkheads	Pressure	psi	0.1	0.5		
S5	3	Hatch and Vacuum Barrier Bulkhead Interface Seal	E R	Bulkheads	Qualitative auditory and visual assessment	-	-	-		2
S6	3	Bulkheads	E R	Bulkheads	Time elapsed	min	5	-		2
S7	3	Threaded Rod Deployment	E R	Deployment	Deployment length	inches	18	18		2
S8	3	Threaded Rod Deployment	E R	Deployment	Time elapsed	sec	15	20		2
S9	5	Threaded Rod Life Cycle Durability	E R	Deployment	Deployment cycles	cycles	40	50		2
S10	5	Electrical IC Test	E R	Electrical	Voltage	V	3.6 and 5.5	3.3 and 5		2
S11	3	Electrical IC Test	E R	Electrical	Signal	SNR	40 dB	50 dB		2
S12	3	Electrical IC Test	E R	Electrical	Continuity	Ohms	3	0		2
S13	3	Electrical IC Test	E R	Electrical	Voltage	V	12, 24	12, 24		2
S14	3	Electrical IC Test	E R	Electrical	Current	A	1.1	1.1		2
S15	3	Handles and Handle Attachment	E R	Ergonomic	Visual assessment	-	-	-		2
S16	3	Handles and Handle Attachment	E R	Ergonomic	Time elapsed	min	3	-		2
S17	3	Testing Rig Force Recoil	E R	Testing Rig	Deployment length	inches	1	0		2
S18	3	Pinpoint and Guidance System	E R	Testing Rig	Time elapsed	sec	15	20		2
S19	3	Vacuum Barrier Material Strength	E R	Vacuum Barrier	Tensile Strength Test	psi	66.7	133		2
S20	3	Vacuum Barrier Bonding Seal Test	E R	Vacuum Barrier	Qualitative Test	-	-	-		2
S21	3	Soft Structure Durability and Sealing	E R	Vacuum Barrier	Pressure sensor reading	psi	0.4	0.5		2
S22	3	Soft Structure Durability and Sealing	E R	Vacuum Barrier	Qualitative auditory and visual assessment	-	-	-		2
S23	3	Soft Structure Durability and Sealing	E R	Vacuum Barrier	Pressure cycles	cycles	40	50		2
S24	3	Soft Structure Durability and Sealing	E R	Vacuum Barrier	Time elapsed	sec	15	20		2

A RESUMIR

- ✓ La entrega del producto/servicio final significa alcanzar el hito principal del proyecto, cuando se cumplen todos los requisitos exigidos por el cliente y todas las partes involucradas.

- ✓ Para asegurar la satisfacción del cliente y una buena experiencia de usuario, se deben considerar algunos aspectos al entregar un producto/servicio final al cliente, como asociar cada caso de prueba con su requisito inicial cumplido o el canal de comunicación elegido para realizar la entrega.

- ✓ Una matriz de plan de pruebas es de gran ayuda en este sentido para asegurar el éxito en la entrega de cualquier producto/servicio final.

Aceptación final del cliente

Todo tipo de proyectos deben considerarse como terminados con la debida aceptación final por parte del cliente o sponsor del producto/servicio/resultado final entregado. La prueba real de que el proyecto está terminado proviene del cliente.

La aceptación formal del producto terminado, o el reconocimiento de la finalización de una fase del proyecto, significa que el trabajo estará completado. Los project managers deben planificar la aceptación del cliente desde el principio. Deberá tener claro qué forma tomará y el trabajo requerido para lograrlo.

El proceso de aceptación puede ser largo, incluidas pruebas y evaluaciones exhaustivas que comiencen mucho antes de que se haga la "firma final". En este sentido, la importancia de las Pruebas de Aceptación de Usuario (*UAT* por sus siglas en inglés) es de gran relevancia en muchos proyectos. Los project managers deben preparar siempre este plan de pruebas después de que todos los requisitos estén definidos en nuestro alcance, de modo que una vez que estos requisitos se implementen o ejecuten, el usuario puede validar cada uno de ellos en un plan completo de pruebas de aceptación del usuario.

Ejemplo:

ID	Functional Block	Name	Test Description	Expected Result	Test State	Linked requirement	Observations	Priority	Evidence
UAT-001									
UAT-002									
UAT-003									
UAT-004									
UAT-005									
UAT-006									
UAT-007									
UAT-008									

También es habitual realizar una reunión final a modo de "demostración" de la solución o producto final entregado. Inmediatamente después de esa reunión, se debe compartir y firmar un documento final de cierre del proyecto para ambas partes para cerrar formalmente el proyecto.

A RESUMIR

- ✓ La prueba real de que el proyecto está terminado la da el cliente, una vez aceptado formalmente.

- ✓ La importancia de las Pruebas de Aceptación del Usuario (UAT) es de gran relevancia en muchos proyectos para validar cada requisito desde el alcance inicial acordado con el cliente y las partes interesadas.

Lecciones aprendidas e información histórica valiosa

Cuando todo proyecto está terminado y cerrado, después de su ejecución siempre produce una gran cantidad de documentos, información y muchas situaciones que deben ser registradas y guardadas.

Toda esta información seguramente será utilizada en el futuro para otros proyectos con el fin de enriquecerlos con valiosos conocimientos y lecciones aprendidas.

Además, la elaboración de un informe de lecciones aprendidas y la organización de la documentación del proyecto presentan oportunidades para la mejora de procesos o, en el caso del project manager, la mejora personal.

En cuanto a los diferentes tipos de documentos y lecciones aprendidas:

- Análisis de causa raíz de los problemas enfrentados.
- Motivos detrás de la acción correctiva elegida.
- Otro tipo de lecciones aprendidas sobre la gestión de los diferentes miembros involucrados.

Las lecciones aprendidas se documentan y distribuyen, y pasan a formar parte de la base de datos histórica tanto del proyecto como de la organización ejecutora.

Acerca del Autor

Carlos Fernández es un ingeniero español que ha desarrollado la mayor parte de su carrera hasta el momento gestionando proyectos para empresas orientadas al soporte al negocio y a operaciones, con probado conocimiento de las últimas tecnologías requeridas en las industrias de telecomunicaciones y tecnologías de la información.

Certificado como Project Manager Professional (PMP®) desde 2017 y ScrumMaster desde 2016. Con la experiencia y habilidades adecuadas para liderar diferentes proyectos de gran envergadura.

Amante del cine, la música y el tenis. Dispuesto siempre a ser proactivo y en constante aprendizaje hacia nuevos campos de conocimiento.

Referencias

Tuckman & Jensen, 1977

Shewhart & Deming - "Plan – Do – Check – Act" (PDCA)

"A Guide to the Project Management Body of Knowledge Guide" - (PMBOK® Guide) – Fifth Edition

"The Fast Forward MBA in Project Management, Ed.2" - Wiley 2005.

"ISO 9000-2015" - International Organization for Standardization

www.ingramcontent.com/pod-product-compliance
Lightning Source LLC
Chambersburg PA
CBHW071502220526
45472CB00003B/891